U0732927

大赏青岛! 好玩青岛!

QINGDAO AND
SURROUNDING HOW

速度 游

青岛攻略 及周边

《全球攻略》编写组 编著

中国旅游出版社

CONTENTS 目录

青岛推荐

速度 看 青岛!

1 青岛印象

♥ 概况

青岛是我国海滨名城之一，虽然建城时间较为短暂，但在近现代的中国历史上留下了浓墨重彩的一笔。这座城市三面环海，一面依山，因海中有座小青岛而得名，是一座风景优美的滨海城市。青岛拥有众多欧式建筑，有着"海上都市，欧亚风情"的赞誉，以亮丽的都市风光和洋溢着浓郁文化气息的近代建筑吸引了无数游人光顾，栈桥、中山公园、海军博物馆、奥林匹克帆船中心等景点在全国范围内都有着很高的知名度。此外，游人来到青岛还可以探访老舍、沈从文、闻一多、童第周等知名作家、学者的故居。

♥ 地理

濒临黄海的青岛位于胶东半岛的咽喉地带，三面环海，一面依山，市中心位于东经120°19′，北纬36°04′。青岛市市区面积1159平方公里，东有崂山山脉，西有珠山山脉，北有大泽山脉，中部则是胶莱平原和盆地，制高点是海拔1133米的巨峰。青岛市观象山还设有"中华

人民共和国水准原点"，是全国海拔高度的测量原点。

♥ 气候

青岛市位于北温带季风区域内，具有海洋性气候特征，全年空气湿润，温度适中，年平均气温12.7℃。青岛一年四季分明，其中春季持续时间较长，夏季湿润多雨，秋季天高气爽持续时间长且降雨少，冬季气温虽低但并无严寒。

♥ 区划

青岛市下辖市南区、市北区、四方区、李沧区、崂山区、城阳区、黄岛区7个行政区和胶州市、即墨市、平度市、胶南市、莱西市5个县级市。

♥ 人口

青岛市现有人口764万。

2 青岛交通

♥ 出租车

青岛市内出租车多以桑塔纳和捷达为主，基价公里3公里，起步价9元，3公里后1.4元/公

A 速度 看 青岛！
QINGDAO AND SURROUNDING HOW

青岛推荐

里，超过6公里2.1元/公里；帕萨特和红旗车型基价公里3公里，起步价12元，3公里后1.9元/公里。晚22:00至次日早上5:00出租车基价公里为2公里，起步价9元，2公里后1.8元/公里，超过6公里2.5元/公里，另收取1元/次的燃油附加费。游客如果从青岛火车站出站，最好在火车站广场外的街道打车，站内的出租车一般不打表且短程会有拒载现象发生。

♡ 公共汽车

公共交通四通八达的青岛市内已开通了200多条客运线路，市内公共汽车分为普通车和空调车两种，其中普通公共汽车单一票价1元，空调车单一票价2元，全部为无人售票。在青岛观光的游客可以选择乘26、201、202路公共汽车，沿途可在栈桥、中山公园、海军博物馆、八大关、湛山寺等标志景点下车观光，或是乘坐旅游专线车，听车上专业导游讲解。

3 青岛名片

欧式建筑　　青岛在历史上曾经被多个帝国主义列强占据，有一段难以磨灭的悲惨历史。这些列强也将各自国家风格的建筑留在了城中。如今在青岛很多地方都可以看到经典的欧式建筑，风格各异，外观华丽，极有特色。尤其是在青岛最著名的"八大关"，这样的欧式建筑更是集中。像花石楼、公主楼、元帅楼等都是其中的佼佼者。尤其是花石楼，以现代俄罗斯式建筑风格为主体，融合了罗马、希腊等国家的建筑艺术，形状酷似欧洲城堡，气势雄伟，十分壮观，被认为是八大关最漂亮的欧式建筑。

速度 看 青岛!

名人故居

青岛以其环境优美、适合居住而深受人们的青睐，历史上的很多名人都曾经在这里定居。包括康有为、洪深、闻一多、老舍、梁实秋、沈从文等在我国近代历史上赫赫有名的人物都曾经居住在这里。其中老舍在青岛搬过三回家，他居住在青岛期间，写下了《月牙儿》、《我这一辈子》、《骆驼祥子》等脍炙人口的著名作品，而他的儿子舒乙也出生在这里。此外，位于中国海洋大学鱼山校区内的一多楼是闻一多任教于山东大学时的居所。在他的故居旁就是梁实秋故居，这位大学者特别喜爱青岛，数次流连而不肯离开。

海滨风光

青岛是一座海滨城市，拥有漫长的海岸线，因此也拥有绝美的海滨风光。围绕着大海既有青岛山、信号山、观象山、太平山、八关山、小鱼山这样的群峰连绵，也有团岛湾、青岛湾、汇泉湾、太平湾、浮山湾等让人心醉的海湾。每一处景点都是一处公园，绿树成荫，鲜花遍地，风景极美。尤其是八大关、八大峡、太平角等举世闻名的景区更是人们不可错过的游览胜地。而面积广阔的海水浴场更是人们消暑度夏的绝佳去处，漫步在细软的沙滩之上，或是和大海亲密接触，都让人颇感惬意。

栈桥

作为青岛海滨风光标志的栈桥是很多青岛人向外来游客推荐旅游目的地的第一选择。全长440多米的栈桥就好像一道长虹一般沿着海岸线延伸入海。每到秋天涨潮时，栈桥西部岸堤景色最美，惊涛拍岸，激起数十米巨浪，轰然作响，溅起的海水好似碎玉一般，蔚为大观。而退潮后，海水后退100米，礁岩沙滩上满是各种贝壳和蛤蜊，吸引了不少赶海的游人。此外，每到秋冬季节风平浪静的时候，栈桥附近总会引来无数海鸥等水鸟，它们在海面上自由翻飞，构成一幅和谐的画卷。

奥林匹克帆船中心

青岛素有"世界帆船之都"的美誉，特别是当2008年北京奥运会举办时，青岛作为海上运动的主场地而备受关注。举行比赛的奥帆中心位于浮山湾中，设施齐全，风景优美，环境宜人。如今奥运会早已结束，但是奥帆中心依然是游客们参观的热点。奥帆中心的主体是青岛奥林匹克公园，在公园里人们可以看到很多当年举办奥运会时留下的痕迹，包括奥运火炬等，还能在这里的特许商店里购买到奥运商品。而在啤酒广场上游客们还能体验到青岛传统的啤酒文化，品尝到美味的啤酒。

现代都市

青岛历史悠久，人文深厚，利用得天独厚的地理优势，发展成为一座美丽的现代都市。在青岛的街头，随处都能看到耸立的高楼大厦，马路上也奔驰着各种车辆，一派繁忙景象。而引领青岛现代化发展的要数海尔集团，这是我国数一数二的大工业集团。位于黄海之滨的海尔工业园是海尔集团的总部所在，除了有现代化景观外，还是一处风光秀美的园林。此外，在青岛市内还有不少现代化的大型超市，汇集了来自世界各地的知名品牌商品，使得青岛一直处于流行潮流的最前沿。

幽静老街

青岛不光是一处繁华的现代化大都市，还是一座拥有深厚人文历史的古城，至今城内还保留着不少幽静的老街，是很多旅行者们最青睐的地方。在这些老街中，最出名的要数"八大关"，这八条以长城八座著名关卡命名的大街每一条都有着深厚的文化历史，每条路两侧都种满了不同的植物，一年四季景色各不相同，就好像一幅幅风格迥异的精美油画一般打动着每个人的心。此外，在这些老街上还有不少老建筑，每一座都外观精美、装潢华丽，让人看过一次后就再也不会忘记。

崂山

崂山是我国唯一一座在海边拔地而起的高山，自古以来就有人称它是"神仙府邸"，甚至连秦皇汉武都亲自来到这座山上求仙访圣。山上道观众多，是我国著名的道教名山，"崂山道士"的故事更是脍炙人口。其中最大的一座道观叫太清宫，据说著名的道士丘处机、张三丰等人都曾经在这里修道过。太清宫内建筑主要有三宫殿、三皇殿、三清殿等，每一座都是气势恢弘，金碧辉煌，让人叹为观止。除了道观外，崂山上还有各种飞瀑奇石，合成"崂山十二景"，个个精彩。

啤酒

青岛是我国最著名的啤酒城，这里洋溢着浓厚的啤酒文化，好似啤酒花一样散发着清香。青岛啤酒不光是我国历史最悠久的啤酒，甚至还蜚声海外。青岛啤酒选用优质大麦、大米、上等啤酒花和有"世界三大矿泉水之一"之称的崂山矿泉水为原料酿制而成。酒液清澈透明，香气持久，味道醇厚，回味无穷。市内还建有青岛国际啤酒城，是亚洲最大的啤酒都会，每年都会举行盛大的青岛国际啤酒节，届时来自全世界的知名啤酒会聚一堂，是爱酒者们的天堂。

海鲜美食

青岛也是我国知名的美食城，因为临近大海，因此海鲜特别出名。特别是青岛对虾，个大味鲜，堪称绝品，素有"宁吃对虾一口，不食鱼虾半篓"的俗话。而各种蛏子、蛤蜊、香螺、银鱼更是随处可见，是寻常人家平时的盘中餐。除了生猛海鲜外，当地的鲁菜也是享有盛誉。味道以鲜咸为主，具有鲜、嫩、香、脆的特点。十分讲究清汤和奶汤的调制。"烤乳猪"、"锅烧肘子"、"炸脂盖"等都是鲁菜中的名菜。在青岛有不少美食街，大可前往大快朵颐一番。

速度去青岛！

QINGDAO AND SURROUNDING HOW

青岛推荐

1 如何前往青岛

飞机

青岛流亭国际机场位于距青岛市约23公里的北部市郊，从北京、上海、广州、成都、西安、昆明、沈阳、武汉等国内30多个城市都可乘航班直飞青岛，是国内一处主要干线机场。游客从青岛流亭国际机场可选择117、118、120、302、305、373路公共汽车前往青岛市区，也可乘每隔半小时发车的701、702、703路机场巴士前往青岛市区的海天大酒店、中山路格格林豪泰店、世纪文化酒店，车票15元。

火车

青岛火车站位于栈桥附近的泰安路，距离大海非常近。游人从北京、上海、广州、济南、泰山、菏泽、烟台、武昌、南昌、徐州、郑州、西安、兰州、西宁、成都、太原、丹东、通化等地都可乘火车前往青岛，从北京、济南还可乘坐高铁前往青岛，非常便利。

在青岛火车站每天4:30—22:30期间可以购买5天之内的火车票，从车站周围可乘2、5、8、26、218、220、223、301、303、304、305、307、311、312、316、320、321、501、801路公共汽车前往青岛市内各知名景点。

长途汽车

青岛市周围有济青、胶州湾、西流、双流、潍莱、栖莱、青银7条高速公路，游客可以从北京、天津、石家庄、郑州、济南、烟台、威海等山东省内外城市乘长途汽车前往青岛，也可在青岛长途汽车站乘长途汽车前往青岛周边的日照、曲阜等城市。

☎ 常用电话

青岛民航售票处：0532-85782381
青岛火车票订票电话：95105105
青岛火车站客运问讯处：12306
青岛公路客运总站：0532-86661961
青岛市出租车投诉热线：0532-83835074
青岛公共交通集团服务热线：0532-85929111
轮渡公司青岛客运站咨询电话：0532-82619279
轮渡公司黄岛客运站咨询电话：0532-86856949
轮渡公司薛家岛客运站咨询电话：0532-86705247

C 速度 玩 青岛！

QINGDAO AND SURROUNDING HOW

① 10大 人气好玩 旅游热地

1 栈桥

修于清光绪年间的栈桥是青岛旅游的标志，特别是在1998年重修后，更是成为青岛市民平时散步休闲的最佳去处。重建后的栈桥不仅保持原有风貌，且更加雄伟壮丽，它环绕着大海而成，能将壮观的海岸景观尽收眼底。尤其是在栈桥南端有一座"回澜阁"，楼阁飞檐斗拱，覆盖金色琉璃瓦，登楼远眺，"飞阁回澜"的美妙景观让人赞叹。

2 小青岛

位于栈桥东南的小青岛和回澜阁并称青岛湾中的"双璧"。整个岛小巧玲珑，外形好像海螺一般。岛上最显眼的景致是最高处矗立的一座洁白的锥形灯塔，修建于德占日据时期，是海上过往船只进出胶州湾的重要航标。灯塔周围黑松遍布，樱花、碧桃、石榴、木槿、紫薇等花木依次并立，各式别致的建筑隐于其中，使得小青岛更加妩媚动人。

3 海军博物馆

海军博物馆是独一无二的反映我国海军发展历史的博物馆，博物馆中分室内展厅、武器装备展区、海上展区三个主要部分，而室内展厅又分人民海军史展室、海军服装展室、礼品展室等，展出了我国海军在发展过程中的大量重要文物，包括历年的海军军服、外国海军赠送的礼物等。此外，在海上展区还有一艘潜艇展出，人们可以进去参观其内部结构。

4 观象山公园

观象山是青岛第一座观象台所在地，如今已经被开辟为绿树成荫的公园。观象台是德国人建造的，目前有两座建筑，一座是办公楼，一座是台长官邸。其中办公楼是欧式古堡式样，全高7层，全部为花岗石砌结构，气势巍峨雄伟，显得十分森严。在观象台内部有一块汉白玉石碑，上面有一首德国诗，堪称青岛最具特色的德式建筑。

5 青岛海底世界

青岛海底世界是由青岛水族馆、标本馆、淡水鱼馆等整合而成，依山临海，形成了山中有海的特殊景观。如今的青岛海底世界主要由潮间带、海底隧道和地下四层观光建筑三大部分构成，其中最吸引人的当数那长100多米的海底隧道，在这儿完全复制了真实的水下场景，人们好像置身于鱼群之中，和各种鱼儿亲密接触，体会大自然的乐趣。

6 青岛山公园

青岛山是德国人建造的俾斯麦炮台的所在地，如今已经是市内数一数二的公园，还建起了琉璃瓦覆顶的风景墙和观赏景观的亭子。炮台坚固牢靠，易守难攻，在日德战争中发挥了重要作用，如今炮台主体已经不复存在，只有一些残留遗迹和位于地下的指挥部，人们可以进入地下参观这些历史遗迹，体会这里曾经的战争岁月。

7 奥林匹克帆船中心

位于浮山湾畔的奥林匹克帆船中心是2008年北京奥运会的水上项目会场。整个奥帆中心包括陆地和水上两部分，其中陆地上有行政与比赛管理中心、运动员公寓、运动员中心、媒体中心、后勤保障与功能中心五座建筑，而水上区域则有两个防波堤、各种码头等。在北京奥运会召开时，这里千帆竞渡，人声鼎沸，如今则是人们进行运动和休闲的好地方。

8 海尔工业园

海尔工业园位于风光明媚的青岛工业园东侧，是驰名中外的海尔集团的总部所在地。在工业园内共分海尔文化广场、海尔中心大楼样品室、海尔科技馆、海尔大学等十个景点。全景展示了海尔集团从一家生产电冰箱的小企业一步步发展成为中国首屈一指的工业集团的历史。同时园区内还有如自然景点般的美丽景色，让人心旷神怡。

9 崂山

号称"海上第一名山"的崂山是我国沿海第一高山，不仅自然景色优美，而且人文荟萃，在当地有一句古语说得好——"泰山虽云高，不如东海崂"。同时崂山还是一座道教名山，崂山道士的美丽传说脍炙人口。自古以来山上就遍布道观，丘处机、张三丰等道家先圣都曾经在山上修道。如今还留存的太清宫，是当地最繁盛的道教圣地。

10 石老人观光园

石老人观光园是青岛旅游的一颗亮丽的明珠。园区位于青岛市区至崂山风景区的必经之路上，山势俊秀，景观集海岸、山林、人文、高科技农业为一体，风光独特。在石老人观光园中最吸引人的就是农艺园中园，在这里人们可以采摘不同季节的新鲜果蔬，或者在茶园内品尝新摘的茶，体验农业劳作的乐趣，排解城市生活的压力。

C 速度玩 青岛!

QINGDAO AND SURROUNDING HOW

② 10大无料主题 迷人之选

1 青岛市民俗博物馆

青岛市民俗博物馆是一座明成化年间修建的砖木结构建筑。馆内集民俗文化、妈祖文化和海洋文化于一体。游人可以在"天街艺林"看到剪纸、中国结、珠编、钩编、布艺、玻璃烧丝工艺、葫芦工艺、玛瑙工艺、字画、金丝贝雕镶嵌画、烙画、内画瓶等传统工艺的作坊，这里还经常举办各种传统民俗活动，让人们体验我国深厚丰富的传统文化。

2 浙江路天主教堂

浙江路天主教堂也称圣弥爱尔大教堂，始建于德占日据时期，是青岛最大的哥特式建筑。教堂平面为拉丁十字形，正门朝南，左、右各有两座高50多米的大钟楼，钟楼顶上竖立高4.5米、重达1吨的十字架。西塔上部悬挂一口大钟，东塔上部悬挂有三口小钟。教堂内窗户上都布满了以《圣经》故事为主题的彩色玻璃画，极具艺术价值。

3 胶澳总督府旧址

1897年德国强占青岛后，就开始修建其总督府，前后花费数年，耗资85万马克建成。总督府是一座砖石、钢、木混合结构的建筑，结构规整，线条笔直，颇具德式建筑的风范。楼共有5层，其中一层为半地下室，二、三层为主办公楼层，四、五层为辅助性办公楼层。此外在楼外还有一处面海的花园，风光秀丽，是远眺大海的好地方。

4 胶州帝国法院旧址

位于市南区德县路的胶州帝国法院旧址是德占日据时期所建，设计施工的全都是德国人，因此在外观上极具粗犷厚重的德国风格。建筑为黄墙红瓦，墙上有巨大的三联长窗，窗户都用花岗岩贴边，让建筑内部都显得富有立体感。如今在建筑内还保留着当年帝国法院办公时候的场景，是青岛近代一段悲惨历史的真实写照。

5 中山公园

中山公园是青岛最大的综合性公园，公园三面环山，一面向海，风景独好。园内种有四时花木，一年四季林木森森，枝繁叶茂。尤其是在公园主干道两侧种植的大片樱花，每到春季花瓣四散，宛如雪片一般，景色可谓宛如梦幻。另外，公园里还种了大量的水蜜桃，春天桃花盛开的时候，桃园宛如被云霞覆盖，煞是好看。

6 中国海洋大学鱼山校区

中国海洋大学的主校区鱼山校区是一处风光优美、环境幽静的好地方。校园内绿树参天，红花遍地，芳草如茵，高大的玉兰树下片片落叶醉人心田。这样优雅的环境中遍布着各种人文景观，文化底蕴十分深厚。散发着欧陆风情的德式建筑也是夺人眼球的要素之一，在这环境里无论看书学习还是散步休闲，都很合适。

山海关路 7

山海关路临海而建，路两侧种满了法国梧桐，每年秋天那纷纷扬扬的落叶也是青岛一景。而最让人感兴趣的则是建造在路边众多的欧式建筑。其中山海关路1号是一座法式建筑，叶剑英元帅、粟裕大将等都曾经在这里下榻过。山海关路5号则是一座日式小楼，当年中共中央全会就是在这里召开的。此外沿路还有德式、美式等各种不同的建筑。

8 居庸关路

居庸关路是青岛"八大关中"名人故居最多、最出名的一条。路两旁种满了银杏树，一到秋天扇子般的树叶漫天飘扬，把整条路面染成一片金色。居庸关路9号曾经是青岛疗养所的疗养楼，包括著名学者顾颉刚、著名演员白杨、"中国的保尔"吴运铎等都曾经在这里居住。而居庸关路11号则曾是徐向前、罗瑞卿、刘亚楼等元帅、将军的居所。

9 五四广场

青岛是影响我国历史进程的"五四运动"的发源地，而这座位于市中心的广场也因为这个伟大运动而得名。五四广场分南、北两部分，种植有小龙柏、金叶女贞、龟甲冬青、紫叶小檗、丰花月季等四季常绿的植物，一年到头都郁郁葱葱的。广场上最显眼的当数主体雕塑"五月的风"，这尊雕塑通过一个抽象的风的形象充分体现了升腾向上的民族力量，让人印象深刻。

天幕城 10

天幕城是青岛市北区新打造的一条特色街，这条街创造性地把胶澳总督府、亨利王子饭店、青岛市民大礼堂、胶州帝国法院、青岛花石楼、大港火车站等20多处青岛最具代表性的古建筑做成微缩景观会聚一处，堪称一处万国建筑博览会。使得这条步行商业街不光是普通的购物街，也是感受青岛独特的城市魅力和文化内涵的好地方。

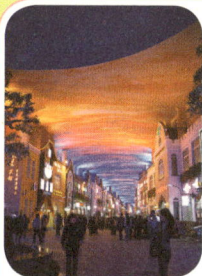

速度玩青岛！

QINGDAO AND SURROUNDING HOW

③ 10家人气魅力平民餐馆

1 春和楼

春和楼是一家清朝时开办的老字号，经营至今已经有100多年的历史了。这家店最早叫"锅贴铺"，到了20世纪30年代改换了东家后改名为春和楼。酒楼经营的是正宗的鲁菜，其中的大葱烧蹄筋是鲁菜的代表之作。大葱使用的是章丘的大葱，清甜脆嫩。蹄筋泡发精良，加入高汤，以鲁菜特有的手法烧制，葱香浓郁，蹄筋软烂入味，让人品尝之后赞不绝口。

2 王姐烧烤

王姐烧烤是青岛一家特色菜餐厅，很多食客初到这里会被店里拥挤的环境吓一跳，店里人头攒动，很难找到一个空着的位置，甚至还有人蹲着或是站着吃。不过只要尝一下这里的烧烤，就能明白为什么这么挤了。王姐烧烤最拿手的就是烤鱿鱼，鱿鱼个头很大，蘸满酱料，吃上一口，那又香又脆的味道立刻占据了整个嘴巴，让人吃完还想吃。

3 青岛锅贴

青岛锅贴是青岛最著名的小吃店之一，是一家有百年历史的老字号企业。这家店制作的锅贴皮脆馅足，特别是馅料还分很多种，能适合各种口味的人的需要。做好的锅贴经过油炸以后，金黄脆香，外焦里嫩，别提有多好吃了。不过如果不想在挑什么口味的锅贴上费心思，套餐是最好的选择，而且可供选择的套餐数量也不少，很合算。

4 吉云馄饨

吉云馄饨是青岛第一大馄饨连锁店，在市内各区都有分店，生意十分火暴。这家店的馄饨制作方法独特，馄饨皮都是现做的，又薄又有韧劲儿。而肉馅也是用新鲜的猪肉，汤更是香浓味美，让人一开始吃就停不下来，一会儿就是一大碗。除了馄饨以外，这里其他的小吃也很不错，包括用电烤的烤肉等，又嫩又香，用来配馄饨再好不过了。

5 万和春

万和春是青岛有名的老字号，招牌产品就是"排骨砂锅米饭"，是青岛十大美食之一。据说是由其创始人王世河先生根据百年的祖传配方制作的，选料讲究，制作用心，风味独特，价格低廉，因此不光是在青岛闻名遐迩，甚至四面八方的游客都慕名而来，为了吃上一碗砂锅米饭排很久的队都心甘情愿。如今万和春在各地都开了分店，每一家都十分火暴。

6 三合园水饺

三合园水饺是一家很有名气的水饺连锁店，以经营胶东特色的水饺为主。三合园水饺原名丁记饺子馆，至今已经有近80年历史了，这里的水饺有选料精细、制馅考究、汤美汁鲜、皮薄馅多、口味独特等特色，很受人们欢迎。而且这家店引入了现代化的经营理念，环境整洁，服务到位，已经将连锁店开到了青岛各地，到店里吃饺子的人对这里的饺子都赞不绝口。

7 美达尔烤肉

美达尔烤肉是一家现代化的餐饮连锁企业，是我国餐饮百强企业中唯一一家以经营烤肉为主的企业。美达尔精心选取上好的里脊肉作为原料，用含有20多种中草药的秘制配方调制。而且烧烤方式也不局限于普通的炭烤，还使用了现代化的电烤手段。此外还把各种海鲜也纳入了烧烤系列，创出了符合青岛特色的风味小吃，让人拍案叫绝。

8 三宝粥店

三宝粥店是一家具有青岛本地特色的粥类专营店，粥的种类很多，味道也很好，特别是吃到胃里有一种暖暖的感觉，可以让人感觉到店家是在很用心地经营，非常舒服。除了粥外，这里还提供不少平时常见的点心，如韭菜盒子等，用来配粥吃再好不过了。更为难得的是，这家店是24小时营业的，不论什么时候，只要想吃都可以来。

9 渔码头

青岛临海而居，有着吃海鲜的得天独厚的条件。在青岛也有很多吃海鲜的好去处，其中渔码头是青岛最有名的海鲜店之一。这家海鲜店的第一大特色就是新鲜，几乎所有的海鲜都是当天打捞的，吃的就是这新鲜劲儿。各种鱼类、贝类，制作方法各异，味道各不相同，但都很鲜美，让人回味无穷。除了海鲜外，这家店的其他菜式也相当不错。

10 劈柴院美食街

劈柴院是青岛的一条百年老胡同，进入胡同犹如穿越了时光隧道，周围的景色都是20世纪三四十年代时候的样子，屋檐下挂着的红灯笼、熙熙攘攘的人群、扑鼻的香气、各类美食招牌让人目不暇接。这条不长的胡同里几乎汇集了青岛所有的特色小吃，无论水饺还是烧烤或是海鲜，每家都有自己的特色，让人百吃不厌。在吃的同时还能看到很多民俗表演，是体验老青岛生活的最佳地方。

D 速度买青岛!

购物血拼
买平货
10 大潮流地

1 中山路

中山路是青岛最著名的商业街，这条街原分两段，南边一部分是德占时期专门居住外国人的斐迭里街，也称"洋人街"；北段则是中国人聚居的地方。如今这条街经过近百年的历史沉淀，很多老字号依然在街上经营，在这些老字号商店里能买到很多物美价廉的商品，既是人们购物的首选，也是青岛一段历史的沉积，给人以别样的感觉。

2 海滨小金

海滨小金是青岛海产品的金字招牌，在青岛已经经营了80年。店里销售的原干海参、即食海参、鲍鱼、鱼翅、虫草、燕窝、人参、蜂胶等高档滋补品都是有口皆碑的名品，而各类海米、干贝、大对虾、蛤蜊肉、银鱼、虾皮等干海产品也是不少外地游客来青岛必买的土特产。如今海滨小金在青岛各地都开设有连锁分店，购物十分方便。

3 中山商城

中山商城是一处从人防工事逐渐发展起来的知名地下商城，商城位于热闹的中山路中段的地下，总面积达9500多平方米。空间里汇集了购物、休闲、餐饮和娱乐等各方面，无数商家在这里设店，销售的货品也种类繁多。不管是注重实用的老一辈还是追求时尚的年轻人都能在这里找到心仪的商品，是周末淘宝购物的绝佳去处。

4 龙山地下商业街

龙山地下商业街也是一处由人防工事发展起来的地下商业街，是全国开发使用最早、闻名国内外的大型综合型人防平战结合项目。这处商业街主要以经营服装、鞋帽、皮革制品、工艺品、小商品、小饰品、文化艺术品、家具等商品，会聚了超过400家商铺。其中在餐饮区还有来自天南地北的各种小吃美食，能满足人们美餐一顿的需求。

5 延安二路商业街

延安二路商业街是青岛最有名的婚纱街，沿街的商店大部分都是经营婚庆或是婚纱的店铺。很多年轻人喜欢到这条街上来挑选自己喜欢的婚纱，然后穿着婚纱前往青岛那些充满异国情调的建筑物前拍摄他们一生最重要的照片。如今，不光是青岛本地人，就连外地人都专程赶到延安二路来，因为这里能拍出令所有人都满意的婚纱照。

6 台东三路步行街

台东三路步行街是青岛最具人气的商业中心，在青岛人嘴里流传着这么一句话——"朝观壁画夜赏灯，购物休闲在台东"，可见台东三路在他们心目中的位置。这条商业步行街虽然才占地0.17平方公里，却汇集了沃尔玛、万达广场、利群集团、苏宁、国美、三联等大型商业集团的门店，还有饭店、药店、银行等入驻，功能十分完善。

7 中国国际葡萄酒街

中国国际葡萄酒街又名红酒坊，是一处全面展示青岛深厚的红酒文化的胜地。在这条街上有来自全国各地的18家知名红酒企业，人们可以买到各种世界知名品牌的红酒。同时在街上还有一座中国红酒博物馆，博物馆里展示了我国自古以来所使用过的酒桶、酒杯、酿酒用具等，还有世界各地的知名酒窖中的藏酒，堪称红酒的天堂。

8 佳世客购物中心

佳世客购物中心临近奥帆中心，是一家日资大型购物中心，目前在青岛一共有两家门店。其中东部的佳世客购物中心位于青岛市市南区繁华的香港中路，商场面积4万平方米，内部分别设有食品超市、服装等数个自选商场，一条精品专卖商业街，60余家中外精品专卖店。集各种功能于一身，同时也继承了日系超市的优质服务。

9 闽江路商业街

闽江路商业街是在青岛有口皆碑的美食街，每天这条街上都挤满了来品尝珍馐美食的八方游客。由于客流量太大，街上的店家甚至在人行道上都设置了座位。这条美食街上会聚了来自天南地北的美味食品，既有青岛正宗的鲁菜，也有我国八大菜系的其他菜肴，还有来自韩国、日本、欧洲等地的经典菜式，不管是谁到这里都能大快朵颐一番。

10 海信广场

海信广场是一家专营中高档国际名品、精品的大型高级百货店。店内环境也如同其高品质的商品一样，设施齐全，环境幽雅，彰显尊贵。在这家店里一共会聚了800多个世界知名品牌，涵盖了男女高级时装、化妆品、鞋包配饰等多方面。除了购物外，在海信广场还有7个独立的风格各异的主题餐厅、美容SPA等。

② 特色 伴手好礼 带回家

1 贝雕

青岛是一座沿海城市，因此有很多来自大海的恩赐，各式各样的贝壳就是其中之一。心灵手巧的青岛人在贝壳上雕出各种美丽的造型和图案，成为著名的贝雕工艺品。青岛贝雕技法多样，尤其是还借鉴了不少木、玉、牙雕和国画中的技巧，使得青岛贝雕形象生动，色彩绚丽，风格独特，远销世界40多个国家和地区，是青岛最具代表性的工艺品。

2 草编工艺品

草编工艺品是很具青岛本地特色的工艺品，采用天然蒲草、毛草、玉米皮、工艺纸绳等编织而成。现有的草编工艺品主要分两类，一类是用作草编玻璃瓶套，套上了草编瓶套的水瓶不光造型精美，而且瓶套还能起到隔热防烫的功能。另一类则是手编的艺术品，包括茶垫、坐垫、门踏垫、草编储物箱、日用家居工艺品等，造型精致，色彩亮丽，很具艺术感。

3 崂山绿石

崂山绿石主要产自崂山东麓仰口湾畔，色泽以绿色为主，其中翠绿色为最佳。石质坚硬细密有光泽，也被称做"崂山绿玉"。这种玉石既可以用来作为盆景上的假山，也可以做成各种挂件饰品用作装饰，用途十分广泛。如今在青岛很多地方都可以购买到崂山绿石制品，不过其中良莠不齐，购买的时候一定要仔细查看，选择品质上乘者为佳。

4 即墨老酒

即墨老酒的历史最早可以追溯到两千多年前，是我国北方黄酒中的珍品，有"营养酒王"之称。即墨老酒酒液清亮透明，深棕红色，酒香浓郁，口味醇厚，微苦而余香不绝，而且酒中富含十六种人体所需要的微量元素及酶类维生素，十七种氨基酸，每天少量饮用对身体有很多好处。如今即墨老酒早已远销海内外，成为馈赠亲友的佳品。

5 青岛啤酒

　　青岛啤酒是我国最著名的啤酒品牌之一，早在100多年前就已经走进国际市场，在世界级的评比中多次获得金奖。如今的青岛啤酒十分崇尚国际化，一直坚持从澳大利亚、法国、加拿大进口优质大麦作为酿酒原料，保证了青岛啤酒的高品质。青岛啤酒入口味道醇正，回味悠长，有一种独特的香味，是喜爱喝啤酒的人们绝不能错过的。

6 海产品

　　青岛三面环海，是我国海产品的重要产区。市内的南山海货市场是青岛最大的海产品销售地，每天这里会有大量从海中刚打捞上来的新鲜海鲜，无论鱼类还是贝类，应有尽有。同时市场上还会提供加工服务，生猛海鲜可以现场加工成成品，方便携带。此外，在这里还可以买到干海货，更利于保存，不管是作为礼品还是自家享用都很适合。

7 莱西山楂

　　莱西山楂是青岛著名的特产之一。莱西是我国最知名的山楂产地，莱西出产的山楂果形很大，最大的直径可达2.5厘米以上，单果重基本都在10克以上，十分饱满。而且果实口感绝佳，酸甜适度，风味独特。在青岛到处都能看到用莱西山楂制成的传统小吃，其中最受人青睐的当数"青岛海糖球"，味道又甜又酸，让人爱不释口。

8 崂山云峰茶

　　崂山种茶的历史悠久，只有在崂山这样独特的地理环境和肥沃的土地上才能培育出上好的云峰茶。种出来的茶叶色、香、味、形俱佳，名扬海内外。冲泡后色泽鲜绿透亮，香气四溢，品质极佳。云峰茶内含营养物质丰富，有大量的蛋白质、氨基酸、维生素等有益人体健康的成分，经常饮用对身体很好，可以起到延年益寿的功效。

9 崂山矿泉水

　　崂山的矿泉水是德国人在20世纪初意外发现的，由于水质绝佳，味道甘甜，一时间名扬海内外。此后，崂山矿泉水经过不断发展，已经和法国的依云矿泉水、俄罗斯的北高加索矿泉水并称为世界三大矿泉水。如今的崂山矿泉水在原有泉水的基础上发展出了很多品种，包括崂山咸味矿泉水、崂山淡味矿泉水、崂山白花蛇草、崂山柠檬味矿泉水等很多种。

10 崂山可乐

　　崂山可乐是我国具有代表性的国产饮料，在"洋饮料"占据大量市场份额的情况下，凭借自身独特的味道，在我国饮料界占据了一席之地。崂山可乐采用传统配方，与现代工艺相结合，味道紧跟现代人的潮流，同时又不忘我国传统的药食同源的理念，口感清爽微甜，芳香宜人，让人回味无穷。现在很多人在尝过崂山可乐后就迷上了这个民族品牌，对它赞不绝口。

速度 游 青岛!

① 青岛及周边
5天**4**夜
计划书

清晨
到达青岛

DAY 1

5天4夜
栈桥—青岛市民俗博物馆—青岛德国监狱旧址博物馆—
青岛人民会堂—胶澳总督府旧址—胶州帝国法院旧址—
江苏路基督教堂

　　建于清朝的栈桥是全景欣赏青岛大海风光的最佳去处,登上栈桥的回澜阁,遥望大海那波涛汹涌的景色,让人不禁心旷神怡。青岛民俗博物馆是一座明代建的天后宫,也是我国北方最大的妈祖庙之一,每年在这里都会举行盛大的妈祖庙会,十分热闹。青岛德国监狱旧址博物馆是德占日据时期建造的监狱,分"仁、义、礼、智、信"五座监房和一家工厂,保留有经典的德式建筑和当时使用的设施。青岛人民会堂是参照了人民大会堂的样式所建,建筑庄严雄伟,气势恢弘,是举办文艺演出、会庆展览、商贸洽谈的黄金地点。德占日据时期建造的胶澳总督

府是一座新古典主义风格建筑,结构简洁,线条明快,内部还装饰了很多德式的装饰品,十分精美。胶州帝国法院旧址也是德占日据时期的遗物,整个建筑具有德国建筑厚重粗犷的特点,外墙上还有很多巨大的落地窗,使得室内的通风和采光效果都极好。江苏路基督教堂不光是青岛历史上第一座基督教堂,也是具有代表性的德式建筑之一。教堂内有一座优雅的钟楼,上面的大钟至今仍然走时准确。

NIGHT 1

5天4夜 中山路

　　中山路是青岛最知名的商业街,路两侧集购物、餐饮、娱乐等于一体,无论白天还是晚上都是人声鼎沸,热闹非凡。

DAY 2

5天4夜

信号山公园—老舍故居—青岛市美术馆—观象山公园—龙山路基督教堂—德国总督官邸旧址

信号山公园以信号山为中心修建，人们可以沿着蜿蜒的石级登上山顶，远近风光一览无遗。公园中还有很多人健身、约会，其乐融融。老舍曾经在青岛大学任教多年，老舍故居就是他当年居住的地方。故居内还开辟了"骆驼祥子博物馆"，让人们对这部作品有深入的了解。青岛市美术馆在整个山东省内都是首屈一指的，美术馆内有一座巨大的罗马展厅，展出各种油画、水彩、水粉、摄影等艺术作品，很多都是现代艺术的精华。观象山公园主要有过去德占日据时期的观象台，因此公园也逐渐演变成一处科普气象知识的地方。天文气象科普室是这里的核心展馆，可以学到各种气象知识。龙山路基督教堂是由教徒聚会所改建而来的教堂，如今依然是青岛重要的教会建筑。走进这座教堂，随处都能感受到宁静庄严的气氛。德国总督官邸旧址现在叫做青岛迎宾馆，曾经是德国在华总督的官邸，是青岛一个历史时期的见证。官邸室内装饰典雅华贵，让人印象深刻。

NIGHT2

5天4夜 **四方路烧烤街**

四方路烧烤街是青岛吃烧烤人气最旺的地方，有不少装修高档的餐厅，一到晚上更是灯火辉煌，引来吃客无数。

DAY3

中国海洋大学鱼山校区—青岛海底世界—鲁迅公园—海军博物馆

中国海洋大学鱼山校区宛如一座花园，校内到处都是绿树芳草，鸟语花香，各种人文景观恰到好处地分布在美丽的自然环境中，相得益彰。青岛海底世界是我国知名的海洋生态大观园，一条长100多米的海底隧道让人感受到神秘海底的无穷魅力，而圆柱形的展缸更是将各种海洋生物完全展示给每一个人。鲁迅公园是我国著名的园艺家葛敬应设计的，公园背山临海，风光旖旎，在公园内中心花坛处安放了鲁迅先生的花岗石雕像，是公园的标志。海军博物馆是我国唯一一座展示海军发展史的博物馆，馆内陈列了各种舰船和武器模型，还在码头上停泊了一艘潜艇，人们可以钻进去一探究竟。

NIGHT3

小青岛因为形似古琴，故而又有琴岛之称。

身处岛上，海风吹拂，树木苍翠，让人心旷神怡。每到夜晚，白色灯塔发出的红色光柱，形成了很特别的景观。

DAY4

青岛山公园—中山公园—山海关路—紫荆关路—花石楼—居庸关路

青岛山在德占日据时期是重要的防御要塞，德国人在这里修建了炮台，还以俾斯麦的名字为其命名，如今还能看到炮台的遗迹。中山公园可以说是青岛最早的综合性公园。在公园里从日本专门引种的2万多株樱花，每到春季花瓣飘扬，景色极美。山海关路是一条显露出浓郁欧洲风情的道路，路两侧到处可见欧式传统建筑，很多国家领导人曾经在这里居住过，留下了不少值得参观的地方。紫荆关路也是青岛著名的八大关之一。路两旁有成排的雪松，一年四季常青常绿，不管什么时候来，都能看到最美的景色。花石楼是一幢集合了罗马、希腊、俄罗斯等诸多风格的建筑，因为外墙铺有花岗岩和鹅卵石，故名花石楼，已成为八大关风景疗养区的标志性建筑物。居庸关路是八大关中最漂亮的地方，路两侧景观极多，除了种满了高大的银杏树外，还有一处中山林，里面种的都是杉树，一年四季景色宜人。

NIGHT4

5天4夜 汇泉广场

青岛最大的草坪广场——汇泉广场每年春天都是当地人放风筝的好地方。这里地形开阔，环境优美，再加上风筝在空中翩翩飞舞，让人心旷神怡。

DAY5

5天4夜 崂山太清宫—明霞洞—上清宫—华严寺—巨峰

太清宫是崂山历史上最悠久、影响最深远、规模最大的道教建筑，曾经是丘处机、张三丰的修行地。如今这里依然风景优美，人气旺盛。明霞洞位于崂山半山腰，是巨石崩落叠架而成。后来在洞内建有庙宇，有很多道人曾在洞中静修。如今还能看到古人留在洞中的诸多石刻。上清宫位于崂山东南，是道教全真派的重要据点。宫内古树参天，尤其是一棵古银杏身上长有三个树瘤，据说要一千年才会有一个，可见其树龄之长。华严寺是崂山上的唯一佛寺，有趣的是寺庙的藏经阁建于山门之上，阁内藏有很多佛教珍宝，其中清朝时刊印的《大藏经》最为珍贵。巨峰俗称"崂顶"，是崂山的最高峰，山峰由无数巨大岩石组成，岩壁陡峭，很难攀登。但是只要能登临峰顶，四周景色一定让人觉得不虚此行。

NIGHT5

5天4夜 起程踏上归途

QINGDAO AND SURROUNDING HOW

速度 游 青岛!

② 青岛市内 **3天2夜** 计划书

清晨
到达青岛

DAY 1

3天2夜
浙江路天主教堂—栈桥—元帅楼—八
大关宾馆贵宾楼—花石楼—公主楼—
汇泉角

浙江路天主教堂是一座气势雄伟的哥特式教堂，不仅是青岛的城市地标，也是当地新人拍摄婚纱照的最佳背景地。栈桥由德占时期的码头改建而来，全长440米，是青岛的标志性景观，尾部则建有古朴典雅的回澜阁。元帅楼是一座颇具特色的日式建筑，造型典雅大方，四周环境清幽，因解放后十大元帅中的六位曾先后入住这里而得名。八大关宾馆贵宾楼是青岛的建筑名景之一，有着华美典雅的风韵，周围的小路在林木的掩映中蜿蜒起伏。花石楼是一座造型典雅的楼宇，以俄罗斯建筑风格为主体，又添加了古希腊、古罗马、哥特式的建筑元素。公主楼是为了迎接德国公主的到访而建的，采用了当时罕见的北欧建筑风格，造型华美，拥有古朴典雅的韵味。汇泉角是青岛最著名的海岬，在这里能够看到汹涌澎湃的海浪拍打崖壁的壮观景象，又是欣赏日出美景的胜地之一。

NIGHT 1

3天2夜 朗园

朗园是青岛最具魅力的酒吧之一，那里有老别墅、海滨浴场、八大关围绕，景致一流，而且每晚都会有古典吉他手进行演出，这在以时尚热辣为主的酒吧中是比较少见的。

DAY2

3天2夜
石老人观光园—奥林匹克帆船中心—五四广场—小青岛—鲁迅公园—海军博物馆—中山公园

石老人观光园是青岛著名的综合性旅游景区，既有优美的自然风光，又有诸多人文景点，还提供采摘等特色游览项目。奥林匹克帆船中心是青岛最著名的体育旅游景点，不仅能让游客们观看到激烈的体育比赛，还能让人在此休闲购物。五四广场是青岛最著名的城市广场，不仅竖立着造型华美的雕像，四周还有以市政府办公大楼为代表的建筑景观。小青岛是青岛近海第一名景，岛上林木葱茏，景观众多，从高处俯瞰宛如一颗闪烁着耀眼光芒的珍珠。鲁迅公园是青岛最早的市区公园之一，正门处立有鲁迅先生的花岗岩雕像，园内还有鲁迅自传碑和鲁迅诗廊等景观。海军博物馆是我国著名的军事博物馆之一，馆内陈列着众多珍贵的文物资料，馆外还展示着各式武器装备。中山公园三面环山，一面向海，园内林木葱茏，鲜花盛开，拥有游乐场、孙文莲池、欢动世界等游乐项目。

NIGHT2

3天2夜 青岛啤酒街

青岛啤酒街是以啤酒为特色的街道，到了夜间，这里会聚了四面八方的游客，他们在此一边品尝美食一边畅饮清爽的啤酒。

DAY3

3天2夜
崂山太清景区—巨峰景区—九水十八潭

崂山太清景区以古朴典雅的太清观为核心，四周遍布着上清宫、蟠桃峰、瑶池、明霞洞等景点。巨峰景区内山高林密，自然景观众多，游人在此不仅可以俯瞰一望无际的大海，还能欣赏壮丽的日出美景。九水十八潭以秀丽的山水风光著称，清澈的水面上倒映着蓝天白云，给人以心旷神怡的感觉。

NIGHT3

3天2夜 起程踏上归途

③ 青岛市内
2天1夜
计划书

DAY1

♥ **清晨**
到达青岛

2天1夜
小青岛—海军博物馆—八大关—中山公园—太平山—观象山公园—中山路

　　小青岛又名琴岛，岛上林木葱茏，风景秀美，被誉为海上明珠，岛上的灯塔既是海港的航标又是著名的人文景点。海军博物馆是我国最大的军事博物馆之一，不仅介绍了海军历史的发展脉络，还陈列着不同时代的武器装备与功勋军舰。八大关是青岛的别墅区，那里环境清幽，在20世纪二三十年代曾会聚了中国现代史上的众多文学家。中山公园是青岛最大的市区公园，那里林木葱茏，景观众多，每年一度的樱花节更是云集海内外游人。太平山是青岛市区内第一高峰，山体上下林木葱茏，分布着中山公园、动物园、植物园和榉林公园、自然生态观光园等景点。观象山公园是一处风景优美的休闲公园，园内清新幽雅的环境是闹市区难觅的一片绿洲，还有众多人文景点可供参观。拥有百年历史的中山路是青岛最为热闹繁华的商业街，道路两旁分布着各有特色的店铺，还有众多大型商业中心。

NIGHT1

2天1夜　栈桥

　　栈桥是青岛的标志性景观，游人在此处既能欣赏到海天一色的壮丽景观，又能看到霓虹灯光与满天繁星交相辉映的美景。

DAY2

奥林匹克帆船中心是北京奥运会水上项目的比赛场地，现在则成了著名的体育旅游景点，同时兼具休闲、购物等功能。青岛啤酒博物馆是展示青岛啤酒的历史和特色的地方，游人可以参观生产工艺流程，品尝清爽的啤酒，购买独特的纪念品。太清宫始建于汉代，为崂山道教祖庭，四周林木葱茏，环境清幽，气势雄伟的殿堂内供奉着以三清为主的诸多神灵。上清宫是崂山的著名景观之一，其建筑历史可以追溯到元代，既有庄严肃穆的殿堂，又有高大挺拔的树木。太平宫是位于仰口湾畔的上苑山麓，四周景色优美，林木葱茏，殿堂雄伟壮观，呈"品"字形分布，附近还有绵羊石和狮子峰等名景。巨峰海拔1133米，是崂山的主峰，游人在那里不仅能够遥望远处的大海，还能欣赏到云海、日出、霞光等奇观。

NIGHT2

大赏
青岛

青岛

攻略 HOW

及周边

青岛 **栈桥**

　　围绕着大海的栈桥是青岛最著名的景观，也是青岛最早的军事专用人工码头建筑。在20世纪30年代时，青岛政府对这里进行了大力改造，桥身延长至440米，同时将桥面高度提高了0.5米，并在南端增建了座字形防波堤，堤内新筑具有民族风格的双层飞檐八角亭阁，定名"回澜阁"。从此诞生了"长虹远引"、"飞阁回澜"两个青岛的标志景点。

栈桥 特别看点！

第1名！
栈桥！

100分！

★ 青岛第一名景，青岛的标志性景观！

第2名！
青岛市民俗博物馆！

90分！

★ 青岛最著名的博物馆，建于明代的天后宫！

第3名！
青岛人民会堂！

75分！

★ 青岛最好的演艺场所之一，青岛的"人民大会堂"！

---

1 侯爵饭店旧址

青岛的建筑名景 ★★★★ 赏

　　建于1910年的侯爵饭店是一座三层楼房，由当时著名的私人建筑师保尔·弗里德里希·里希特设计，拥有典雅大方的风范。该饭店以当时流行的新古典主义风格为主体，又添加了其他建筑风格的元素。

　　侯爵饭店在1922年被改建为青岛的警察署，日本侵占时期则是臭名昭著的宪兵队驻地，解放后成为青岛市公安局市南区分局的所在地。

✉ 山东省青岛市市南区广西路37号　🚌 乘6、25、26、225路公共汽车在青岛路站下

2 栈桥王子饭店

青岛最好的饭店之一

★★★★★ 住

栈桥王子饭店始建于20世纪初，在民国时期曾盛极一时，"电影皇后"胡蝶、"电影皇帝"金焰等知名人士都在这里入住过。该饭店的主体建筑发扬了新古典主义风格的特点，给人以华美大方的感觉，并与附近其他德式建筑相辉映，绽放出璀璨的光芒。

饭店内装饰典雅奢华，各种设施一应俱全，饭菜的味道可口，可选菜系众多，能够满足不同口味顾客的需要。

✉ 山东省青岛市市南区太平路31号
☎ 0532-82888666 🚌 乘25、223、225环线、307路公共汽车在栈桥（太平路）站下

3 栈桥 (100分!)

青岛第一名景

★★★★★ 赏

山东省青岛市市南区太平路14号 乘乘 2、5、6、7、25、26路公共汽车在栈桥站 下 4元（回澜阁）

栈桥由德占时期的军用码头改建而来，全长440米，宽8米，是青岛的标志性景观。栈桥北连繁华的中山路，末端是造型典雅的回澜阁，主体桥身穿行于海面之上，有着"长虹远引"的美誉。栈桥用钢筋混凝土作为桩柱，地面是平整的水泥路，两侧还有护栏作为保护设施，游人在桥上可以尽情地奔跑。

栈桥北部是新开辟的市区公园，游人在那里既可以回望繁华的城市风光，又能欣赏波澜壮阔的海景，清爽的海风在耳畔吹拂，一只只海鸥在远方飞翔鸣叫，此情此景让人沉醉不已。

🌸 回澜阁

位于栈桥末端的古亭

　　回澜阁是一座仿古凉亭，始建于1931年，其顶部的匾额原为民国海军名将沈鸿烈所题，可惜在日军侵占青岛时被夺走，现在的匾额则是书法家舒同题写的。

　　回澜阁位于栈桥的末端，外侧有弧形的防波堤。每当涨潮的时候，层层叠叠的波涛拍打着栈桥，激起的水花如同碎玉一般，这就是名列青岛十景之一的"飞阁回澜"。站在回澜阁里能够遥望远处的小青岛，还可以欣赏到海天一色的壮观景象。

4 礼和商业大楼旧址

青岛年代最悠久的商业大楼　★★★ 🟢赏

　　礼和商业大楼是青岛年代最悠久的商业大楼之一，建于德占日据时期，也是德国在青岛规模最大的商业公司。建筑外观是典型的欧式风格，白墙红瓦，线条流畅，结构严整，是德国建筑的代表作。

✉ 山东省青岛市市南区太平路41号　🚌乘202路下行、217路下行、25路、304路、316路、321路下行，隧道2、3、6、7路在青岛火车站（太平路）下

5 青岛火车站

青岛名景之一

★★★★★ 赏

青岛火车站始建于1900年，并于2008年进行大规模重建。火车站旧楼是一座典雅大方的文艺复兴式建筑，而新楼则是一座气势雄伟的现代殿堂。

旧楼的标志性景观是高达38米的钟塔，它曾是青岛的制高点，下部与地面垂直开有三排两组细窗，钟塔的基座、窗边、门边以及山墙和塔顶的装饰都是用粗毛花岗岩砌成。青岛火车站新楼不仅拥有闪亮的玻璃幕墙，还有太阳能发电的无柱风雨棚和能容纳3000人的地下候车室以及多功能服务区。

✉ 山东省青岛市市南区泰安路1号　🚌 乘5路电车、25路、26路、202路环线(单行)、301路公共汽车在火车站下

6 第六海水浴场

景色优美的海滨浴场

★★★★ 娱

青岛的海滨浴场很多，而第六海水浴场是其中较为出名的一个，那里设施完备，风光秀丽。人们不仅可以在清澈的海水中畅游一番，还能在沙滩上享受日光浴，而水上摩托、快艇等游乐项目也备受热爱刺激的青年人的关注。

第六海水浴场位于繁华地带，一旁就是著名的青岛栈桥，附近则是繁华的中山路。海滩边的大小餐厅里，还有正宗的鲁菜和新鲜海鲜可供品尝。此外，游人漫步在海边的沙滩上可以看到风姿绰约的琴岛，尤其到了夜间，两地的灯光交相辉映，将夜空渲染得极为绚丽。

✉ 山东省青岛市市南区栈桥西侧　🚌 乘2、5、8、25、202、217、301、304、305、307路公共汽车在火车站下

7 # 青岛市民俗博物馆

青岛最著名的博物馆

90分！

★★★★★ 赏

山东省青岛市市南区太平路19号 乘6、26路公共汽车在天后宫站下 0532-82880728 ￥30元

　　青岛市民俗博物馆位于大名鼎鼎的天后宫内，其历史可以追溯到明成化年间，经过多次重修改建，方有今日的宏伟规模。博物馆内殿堂众多，那里供奉着天后、龙王、文武财神等诸多神灵，而戏楼、鼓楼、钟楼等建筑相互辉映，其梁柱上还有精美的雕刻。民俗展室里陈列着青岛以及山东地区的特色手工艺品，剪纸、中国结、珠编、钩编、布艺等应有尽有，运气好的话还可以看到进行现场制作和表演的传统艺人。

✿ 天后宫民俗庙会

青岛最盛大的庙会

　　天后宫民俗庙会是青岛最大的传统庙会，经过多年的发展，已经成为当地的一个旅游品牌。每到庙会举办的时候，四面八方的游客会聚到这里，除了购买富有特色的手工艺品和纪念品外，还能品尝青岛的特色小吃。天后宫会在各种节假日时举办各种节庆活动，其中包括除夕夜的"吉祥钟声迎新年"、正月的"新正民俗文化庙会"、七月二十二的"财神民俗旅游节"、九月初九的"天后重阳庙会"等。

8 海滩古堡酒店

欧式古堡酒店 ★★★★★ **住**

海滩古堡酒店是青岛的标志性建筑之一，拥有百余年的历史，是我国德式建筑中的佼佼者。古堡附近的交通便利，景观众多，游人从这里可以步行前往栈桥，而海滨浴场距此只有700米。海滩古堡酒店的主体建筑造型庄重大方，内部装饰华美而不奢靡，给人以高贵典雅的感觉。外侧的庭院里绿树成荫，鲜花盛开，是青岛情侣们拍摄婚纱照的绝佳地点。住客在这里可以纵览青岛的优美海景，品尝美味佳肴，并在波涛的陪伴下安然入眠。

✉ 山东省青岛市市南区常州路23号甲 🚌 乘25、26、202、225路公共汽车在大学路站下
📞 0532-82889318

9 青岛人民会堂 75分！

青岛最好的演艺场所之一 ★★★★★ **赏**

青岛人民会堂是以北京人民大会堂为蓝本进行仿建的，是青岛最好的艺术表演场所，还是举行各种重大会议的地方。青岛人民会堂拥有现代化音响、灯光和中央空调等设备，是一座既能容纳大型剧团演出，又可举行各种博览会，设计新颖、设备先进的现代化综合性艺术表演中心。此外，

✉ 山东省青岛市市南区太平路9号 🚌 乘202、223、228、231、304路公共汽车在大学路站下

这里还接待过许多国家的艺术团体，备受都市中文艺青年的关注，是青岛市内观看话剧、舞剧、歌剧、音乐剧和各地方戏剧等艺术表演的好去处。

10 医药商店旧址

青岛著名的德式建筑

★★★★ 赏

　　医药商店是青岛著名的建筑景观，有着华美典雅的外形，为德式建筑，建于1905年。医药商店的外墙是由砖石砌筑而成，并装饰着彩色方形墙砖，给人以绚丽多姿的感觉。医药商店最醒目的特征是两座高耸的烟囱，它们和拱形的阁楼都是青年派建筑风格的特征。这座楼房的内部装饰颇为典雅，梁柱则是经过防腐处理的木料。现在这里则是一家名为红房子的饭店，出售味道正宗的青岛美食，在当地很有名气。

✉ 山东省青岛市市南区广西路33号
🚌 乘25、26、223路公共汽车在栈桥（广西路）站下

11 青岛德国监狱旧址博物馆

青岛最著名的监狱

★★★★★ 赏

　　青岛德国监狱旧址博物馆始建于1900年，后历经民国、日占和新中国时期，直到1995年才结束作为监狱的使命。博物馆的主楼是一座典型的德式建筑，有

着凝重大方的造型，很难让人把它与充满阴森恐怖等字眼的监狱联系起来。漫步在博物馆的庭院中还可以看到诸多民国时期所建造的西式建筑物，主要有"仁"、"义"、"礼"、"智"、"信"5座监房和1座监狱工场。博物馆中展出了不同时代的监狱刑具，游人还可以参观水牢，那是抗战时期日本侵略者残害我国抗日军民的地方。

📧 山东省青岛市市南区常州路23号
🚍 乘202、223、228、231、304路公共汽车在大学路站下 📞0532-82868820
💴 25元（旺季）；5元（淡季）

大赏青岛

青岛

攻略HOW

及周边

MOH

青岛
胶澳总督府旧址

　　胶澳总督府是德国占据青岛时所修建的最高权力机关所在地。建筑平面呈凹字形，石、砖、钢、木混合结构。特别是主墙体全用花岗岩围砌而成，可见其工艺水平之高。整个总督府共分5层，大门为一扇高大宽敞的拱形石砌大门，前面还有花岗岩的台阶。大楼二、三层是主要办公区，办公室宽敞明亮，外面还设有阳台，可以遥望城市景色，放松精神。

胶澳总督府旧址 特别看点!

第1名!
胶澳总督府旧址!

100分!

★ 德占时期的总督府，新古典主义风格公共建筑!

第2名!
胶州帝国法院旧址!

90分!

★ 青岛第一座近代法院。气势恢弘的建筑!

第3名!
江苏路基督教堂!

75分!

★ 青岛第一座基督教教堂，华美典雅的新古典主义风格建筑!

---

1 英国领事馆旧址

旧时的英国领事馆　　★★★★ 赏

　　英国领事馆旧址所在的房屋建于1910年，是当时德国律师齐默尔曼的宅第。旧址的造型庄重大方，原本明亮的黄色外墙在多年风雨的洗礼下略显暗淡，其顶部的红褐色屋瓦又让此楼洋溢着典雅的魅力，中轴上凸出的一个小小的圆弧顶是这里最为醒目的特征。此楼在1935年成为英国领事馆的驻地，其后又几经迁移，1939年再次迁入此地，1951年被青岛政府收回，现为民居。

📮 山东省青岛市市南区沂水路14号　🚌 乘1、214、217、220、221、225、228、231路在青医附院站下车

② 胶澳总督府旧址 100分!
德占时期的总督府 ★★★★★ 赏

📧 山东省青岛市市南区沂水路11号 🚌 乘 6、25、26、220路公共汽车在青岛路站下

胶澳总督府是青岛的标志性景观，建于1903年，历时4年才正式完工，现为青岛市人大常委会和青岛市政协的办公楼。胶澳总督府是一座新古典主义风格公共建筑，主体高20米，共五层，一层为半地下室，二、三层为主办公区，四、五层为辅助性办公区。大楼的内部装潢精美，许多装饰品都带有鲜明的德国风格，门厅顶部高悬着一盏华丽的巴洛克式吊灯，后方则是花岗岩石级的宽敞楼梯，其上装饰着闪亮的铜质扶手，连接大门与二楼。

③ 黑氏饭店旧址
造型典雅的法式建筑 ★★★★ 赏

黑氏饭店建于1924年，是一座造型华美的法式建筑，洋溢着浪漫的法兰西风情，在以德式楼宇为主的青岛较为少见。黑氏饭店最初是一家法国洋行，之后成为出售法国美食的饭店，现在则是青岛市市南区幼儿园。黑氏饭店的主体山墙上和主立面的东西两端共有五座小小的尖塔，将这座洋房衬托得玲珑可爱。

📧 山东省青岛市市南区湖南路 🚌 乘6、25、26、220路公共汽车在青岛路站下

4

胶州帝国法院旧址

青岛第一座近代法院 ★★★★★ 赏

90分！

📧 山东省青岛市市南区德县路2号 乘乘6、25、26、220路公共汽车在青岛路站下

　　胶州帝国法院是青岛乃至全山东的第一座近现代法院，现为青岛市南区的检察院办公楼。胶州帝国法院采用了青年派建筑风格，外墙上涂抹了明亮的黄色作为主色调，屋顶则是典雅的暗红色，它们相得益彰，是大楼最好的装饰。胶州帝国法院的窗户为内嵌式，窗扇巨大，能给屋内带来良好的通风、照明等效果。此外，这里还有一层地下室，据说那里在新中国成立前曾是关押犯人的地方，因此颇有些阴森恐怖的气息。

5

路德公寓旧址

造型典雅的德式公寓 ★★★★ 赏

　　路德公寓是由德国著名设计师库尔特·罗克格所设计的，结合新古典主义建筑和青年派建筑的特点，魅力非凡。路德公寓虽然只有两层高，但它采用坚固的花岗岩作为基础，墙壁是用红砖砌筑而成的，内部以经过防腐处理的木材作为支柱，居中的主入口和开设在坡顶中部的阁楼窗洞，构成了主立面的核心部分。公寓里房间虽然不少，但大都空间狭小，而且多数房间都不附带浴室和卫生间。

📧 山东省青岛市市南区德县路4号 乘221、225路公共汽车在安徽路站下

6 老舍公园

纪念文学家老舍的公园 ★★★★ 赏

环境清幽的老舍公园虽然面积不大，但园内湖光山色，绿树掩映间亭桥曲径一应俱全，是青岛繁华闹市中一个难得的幽静之地。老舍公园的园名是由著名书画家、老舍夫人胡絜青题写的。漫步在公园里能够看到秀美的人工瀑布，在炎炎夏日带来清凉气息的喷泉，还有供人休息的长廊棚架等景观。公园里还有老舍的雕像，造型精美，神态和蔼可亲，雕像下方的石碑上镌刻着节选自《五月的青岛》的词句。

✉ 山东省青岛市市南区安徽路 🚌 乘1、25、223、225、304、307、311、367路公共汽车，机场巴士2号线在栈桥下 ¥ 15元

7 美国领事馆旧址

青岛最后建成的德式建筑 ★★★★ 赏

✉ 山东省青岛市市南区沂水路1号 🚌 乘1、214、217、220、221、225、228、231路在青医附院站下车

美国领事馆旧址建于1912年，是现存德式楼宇中建筑时间最晚的，其四周环境清幽，在葱郁法桐绿叶的掩映中，静静诉说着往昔的故事。小楼建在一片矮丘上，临街的入口与路面有高达5米的落差，设计师依山势筑起一道坚实的护坡，为这座建筑平添了一种肃穆尊贵的感觉，还巧妙地将地下室掩藏了起来。

⑧ 江苏路基督教堂 75分!

青岛第一座基督教教堂

★★★★★ 赏

建于1908年的江苏路基督教堂为青岛的首座教堂，是当时德国人举行各种宗教仪式的地方。该教堂是一座新古典主义风格的建筑，造型典雅华美，其外墙是明亮的黄色，还砌筑着半圆拱形的窗框和门框作为装饰，给人以凝重大方的感觉。江苏路基督教堂最醒目的景观是那座造型华美的巴洛克式钟塔，其顶部尖顶为绿色，与一旁红色的屋顶相互衬托，游人爬到39.16米的钟楼顶端时，可以把周边地区繁华风光尽收眼底。钟塔上的大钟是一座巨型机械钟，历经百余年的风雨，至今依旧走时准确。

✉山东省青岛市市南区江苏路15号 🚌乘214、225路公共汽车在青医附院站下 ¥7元

9 总督府童子学堂旧址

造型典雅的校舍 ★★★★ 赏

总督府童子学堂是当时德国占领军在青岛所建的贵族小学，新中国成立后改称江苏路小学。学堂是一座二层小楼，虽历经百余年的风雨洗礼，仍旧保持着古朴典雅的风貌，其主体建筑采用了新古典主义风格，主楼南墙呈开放式，底层以数根直立石柱构成拱门，顶层配有中式雕饰的木质阳台，建筑立面均由粗灰浮涂饰外面，东、西两侧为较封闭的房屋。

📧 山东省青岛市市南区江苏路9号
🚌 乘1、214、217、220、221、225、228、367路公共汽车在青医附院站下

10 王统照故居

现代著名文学家王统照的故居 ★★★★ 赏

📧 山东省青岛市市南区观海二路49号 🚌 乘221、225路公共汽车在安徽路站下 ¥免费

王统照是我国现代重要的文学家之一，他在1921年和郑振铎、茅盾等发起成立文学研究会，为中国现代文学的发展作出了重要贡献。古朴典雅的小楼是王统照定居青岛后的宅第，经过精心设计和装饰，典雅而不奢靡，洋溢着浓浓的书卷气息。书房是王统照故居主要景点之一，并复原了作家生前使用时的摆设，书桌上摆着笔、墨、纸、砚文房四宝，还有他从欧洲带回来的荷兰风车风格的镜框、罗马的铜雕武士、瑞士的精致的小钟等装饰物。

11 观海山公园

景色优美的山林公园

★★★★ 赏

　　观海山公园是青岛市区内的十大山林公园之一，虽然名气不大、历史不长，却有着幽静典雅的气息。公园内的植被保存较好，各种自然景观应有尽有，宛如一颗明珠镶嵌在青岛市区内。

📧 山东省青岛市市南区观海二路

🚌 乘1、214、217、220、221、225路公共汽车在青医附院站下

💴 免费

　　观海山是公园里的核心景点，海拔只有66米，给人以袖珍精巧的感觉，山体上下则遍布着瀑布、假山、雕塑等诸多景观。山顶的观海台为观景平台，游人在那里可以俯瞰公园内各处美景，领略市区内的繁华风光，还可眺望波澜壮阔的大海。

12 浙江路天主教堂

青岛最大的教堂之一

★★★★★ 赏

　　浙江路天主教堂是一座典型的德国哥特式建筑，外观简洁大方，没有烦琐的线条、雕像、神龛等装饰物，顶部竖立着的高大十字架，已成为教堂的象征。

　　在宁静的大堂中漫步，可以看到精美华丽的装饰；侧耳倾听，管风琴演奏出优美的旋律；柔和的阳光从色彩鲜艳的玻璃窗外照射进来，为教堂渲染出神圣的气息。每到基督教的节日时，该教堂就会举行各种庆祝活动，尤其是到了圣诞节的时候，更是人山人海，热闹非凡。

📧 山东省青岛市市南区浙江路15号

🚌 乘1、367路公共汽车在湖北路站下

📞 0532-82865960

赏岛
大青

青岛

攻略
HOW

及周边

青岛 中山路

　　中山路是青岛市内远近闻名的商业中心，这条路经历了历史的风风雨雨，每一个时期都有不同的面貌。如今青岛人亲切地称这里为"街里"，而"逛街里"也成了当下青岛年轻人的时尚。在中山路上依然保留了很多青岛老字号，到"谦祥益"布庄去买布，或是去"劈柴院"吃小吃，不光当地人知道这一点，连许多外地来的游客说起来都如数家珍。

中山路 特别看点!

第1名!
劈柴院美食街!

100分!

★ 品尝各种风味小吃!

第2名!
德国水兵俱乐部旧址!

90分!

★ 德占时期的水兵俱乐部,新哥特式风格的尖塔!

第3名!
德国胶澳警察署旧址!

75分!

★ 青岛最早的现代治安机构,历经百年风雨的古老建筑!

---

1 百盛购物中心

青岛最好的购物中心之一 ★★★★★ 买

百盛购物中心是中山路的标志性建筑之一,也堪称青岛的一张城市名片。作为一座规模宏大的现代大型商城,百盛购物中心集购物、美食、娱乐、休闲、商务等多种功能于一体,在青岛开创了全新的消费购物理念。众多深受都市青年人喜爱的品牌也纷纷入驻百盛购物中心,使青岛白领在周末和假日最喜欢的一处逛街购物场所。此外,百盛购物中心顶楼是一个美食城,那里入驻的各家餐厅与快餐店里颇具特色的美食也深受欢迎。

山东省青岛市市南区中山路44-66号 乘2、5、218、301、305路公共汽车在中山路站下 0532-82021085

❷ 中山路

青岛最著名的商业街

★★★★★ 逛

　　位于市南区的中山路是一条集购物、休闲、餐饮于一体的复合式商业街，其历史可以追溯到100多年前的德占时期。大街两侧既有老少咸宜的大型百货商场，也有适合年轻人淘宝探寻的街边小店，但更多的还是各种品牌的专营店，以及集中了国内外各式中高档品牌的时装店和饰品店，吸引着众多来这里休闲逛街的人们的目光。此外，这条路上还有众多建筑景观，其中既有古朴典雅的传统建筑，也有造型华美的欧式楼房，一座座拔地而起的高楼大厦更是现代建筑的象征。

✉ 山东省青岛市市南区中山路　🚌 乘5、301、320路公共汽车在中山路站下

3 春和楼

青岛的知名饭店

★★★★★ 吃

✉ 山东省青岛市市南区中山路
146号 乘 乘2、5路公共汽车在
中山路站下
📞 0532-82824346

　　春和楼是青岛的百年老店，早在清光绪年间就成为当地知名饭馆，曾是各界名流品尝青岛美食的首选之地。饭店内的装饰典雅大方，给人以宾至如归的感觉，不仅当地市民常来此处品尝美食，更有外地游客慕名而来。香酥鸡是春和楼的招牌菜之一，它选用上佳原料，经过精心烹饪而成，肉烂味美，焦酥异常。虾仁蒸饺是这里的名菜，它的味道鲜美，口感上佳，品尝过这道美味的食客都会对它赞不绝口。除此之外，店内的九转大肠、爆炒腰花等菜肴也是极受欢迎的名菜。

4 中山商城

青岛最早的地下商城

★★★★ 买

　　中山商城毗邻著名的百盛购物中心，是青岛最好的地下商城之一，并与附近的多家商场一同构成了中山路商业带的核心部分。

　　中山商城的空间虽然不大，但繁华喧嚣的场区内汇集了购物、休闲、餐饮和娱乐等诸多项目，为数众多的时尚小店和知名品牌纷纷入驻，以体验式消费为主，被追求时尚潮流、崇尚个性的青年和时尚一族所推崇，是青岛周末假日淘宝逛街的绝佳去处。

✉ 山东省青岛市市南区中山路113号甲 乘 乘6、
221、231路公共汽车在中国剧院站下

5 王姐烧烤
香气诱人的烧烤店 ★★★★ 吃

山东省青岛市市南区中山路113号 乘乘218、221、2、5、6路公共汽车在沽路站下 0532-82867147

王姐烧烤位于青岛最繁华的中山路上，店面不大，只有很小的一间，环境也不是最优越的，由于店面小，人们没法在店里吃，只能买了烧烤边走边吃，或是站在一边吃，有点嘈杂的感觉。但是这家店的烧烤的味道却是无与伦比的，很远就能闻到喷香的气味。香辣肉、羊肉、鱿鱼、鱿鱼头、鱿鱼爪等用料讲究，鲜美异常。其中"王姐烤肉串"、"王姐烤羊肉串、鱿鱼串"等更是被评为山东名小吃，享誉省内外。不管是本地人还是外地人，只要路过王姐烧烤，都会被这里的串串烧烤所吸引，不由得胃口大开，买上好几串大吃一顿。

6 劈柴院美食街 (100分!)
品尝青岛美食 ★★★★★ 吃

青岛的建城历史虽然不长，却会聚了五湖四海的风味佳肴，并形成了多条美食街，劈柴院就是其中之一。劈柴院的建筑有着古色古香的韵味，朱红色的门窗配上青灰色的墙面，仿古的街灯、旋转的竹梯加上镂空的门窗，营造出温馨的用餐氛围。劈柴院以春和楼为餐饮龙头，恢复了元惠堂、李家饺子楼等老字号饭店。小吃则以美达尔烧烤、万和春排骨米饭、小倩倩馄饨等为重点。除了各种风味小吃外，在劈柴院还能看到各种青岛民间艺术表演，是体验青岛传统民俗的好地方。

山东省青岛市市南区河北路16号 乘乘6、221、231路公共汽车在中国剧院站下

7 海滨小金

青岛著名的特产商店

★★★★ 买

海滨小金是青岛的特色商店，以出售海参、鲍鱼、海米等干海品为主，在当地很有名气，获得过多项荣誉称号，堪称青岛此类产品的权威品牌。海滨小金众多的连锁商店中以位于中山路的直销店最为著名，它是青岛最早的专业食品超市，除销售各类海货外，还有虫草、燕窝、人参等高档营养品、各种干货土特产品在这里售卖，深受当地民众的好评。值得一提的是海滨小金中山路店所在的建筑，有着古朴典雅的韵味，是中山路的名景之一。

✉ 山东省青岛市市南区中山路143号　乘 乘205、218、222、231、320路公共汽车在中山路站下

8 德国胶澳警察署旧址 75分!

青岛最早的现代治安机构

★★★★★ 赏

✉ 山东省青岛市市南区湖北路29号
乘 乘225路公共汽车在中山路站下

德国胶澳警察署是一座历经百年风雨的古老建筑，它在各个时代都是青岛的治安机关，现为青岛市公安局所在地。楼房的造型古朴大方，外墙上使用色彩淡雅的清水砖砌筑出形状各异的图形，红色的陶瓦、米黄色的墙面、浅褐色的蘑菇石台基加上周遭的绿树，色彩显得极其雅致秀丽，是青岛新古典主义建筑的代表作之一。室内用马赛克地砖铺砌出精美的图案，门窗上还雕刻着精细的花纹。大楼的右侧有一座哥特式尖塔，现已成为此处的象征。

9 德国水兵俱乐部旧址 90分!

德占时期的水兵俱乐部

★★★★★ 赏

　　青岛在德占时期成为德国远东舰队的海军基地，当时生活着大量海军官兵，为了防止那些精力过剩的水兵惹是生非，所以殖民地总督府创建了这所俱乐部，作为水兵们的休闲娱乐场所。德国水兵俱乐部是一座造型典雅的青年派风格建筑，融合了欧洲诸多流派建筑风格的元素，有着迷人的风韵。主楼的右侧是一座新哥特式风格的尖塔，顶部还竖有巨大的十字架，是这里的象征。

　📧 山东省青岛市市南区湖北路17号乙　🚌 乘225路公共汽车在中山路站下

大赏青岛

青岛

攻略HOW

及周边

青岛
信号山公园

　　信号山是德国人占据青岛时期用来悬挂各类信号标志及气象、风力标志的地方，如今已经被改造成为一座公园。在信号山的最高处有3幢红色的蘑菇楼，宛如3柄火炬，在青山绿树中十分显眼。在这几幢大楼中有茶室及各种娱乐设施。人们可以在观景处眺望青岛市内的风景，无论栈桥还是小青岛都可以一览无遗，在休闲中尽情地享受美好的自然风光。

信号山公园 特别看点！

第1名！
信号山公园！

100分！

★青岛的市区公园，风景秀美的青岛名景！

第2名！
观象山公园！

90分！

★青岛著名的科普公园，了解各种天文气象知识！

第3名！
青岛市美术馆！

75分！

★青岛最著名的艺术展馆，建筑艺术的杰作！

---

1 老舍故居
老舍先生的故居

★★★★ 赏

山东省青岛市黄县路12号　乘1、25、225、307、367路公共汽车在大学路站下

现代大文豪老舍先生曾长期在青岛山东大学任教，其间创作了众多小说、散文和杂文，最著名的当数长篇小说《骆驼祥子》。故居是一栋二层小楼，里面辟有我国成立时间最早的老舍博物馆，各种家具陈设也还原了当时的样式。游客们能够参观我国最早的单一小说作品博物馆——"骆驼祥子纪博物馆"，馆内介绍了这部小说的方方面面，还有许多鲜为人知的小故事。老舍故居最独特的地方是书房里摆放着刀、枪、剑、棍等武器，通过资料介绍我们才知道，这位大作家还是文武双全的一代英杰。

2 信号山公园 100分！

青岛的市区公园

★★★★★ 赏

　　信号山公园早在德占时期就是当地的名景之一，布局融合了东西方的建筑文化与园林艺术精华。公园里的核心景观是近百米高的信号山，蜿蜒曲折的台阶通往小山顶峰，游人在这里不仅能俯瞰园内景观、纵览青岛的繁华风貌，还能遥望那波澜壮阔的大海。

信号山公园的人文景观众多，一座座亭台楼阁掩映在葱茏的林木之中。山巅有3幢红色蘑菇楼，是德占时期的建筑，其中既有供人赏景的旋转观景楼，也有介绍通信事业发展的大型壁画。

📧 山东省青岛市市南区齐东路17号丁 🚌 乘217、220、221路公共汽车在龙江路站下
📞 0532-82794141 ¥ 15元

3 青岛市美术馆 75分!

青岛最著名的艺术展馆

★★★★★ 赏

山东省青岛市大学路7号 乘乘1、25、225、307、367路公共汽车在大学路站下

0532-82888886

¥20元

青岛市美术馆是建筑艺术的杰作，设计者将中国传统建筑元素、古罗马建筑风格和伊斯兰建筑的特点巧妙地融合为一体。展馆的前方还有一座造型典雅的中式凉亭，其顶部铺砌金色的琉璃瓦，在阳光的照射下闪闪发光。美术馆内部分为多个展区，其中罗马展厅里陈列的都是油画、水彩、水粉、摄影等艺术作品；伊斯兰展厅里展出的都是传统国画作品，主要以近现代画家的作品为主。此外，青岛市美术馆还经常举办各种主题展览，能让艺术爱好者们欣赏到海内外知名艺术家的作品。

4 四方路烧烤街

青岛著名的美食街

★★★★ 吃

四方路烧烤街位于青岛市中心，最初只是单一的新疆羊肉烧烤，后来逐步演变成一个会聚各种烧烤美食的街道，并形成了独特的饮食文化，因而声名远播。漫步在四方路烧烤街上，会看到一个个烧烤炉，上面是正在翻滚的各种食材，所形成的烟雾虽然略显呛人，却有着令人垂涎三尺的香味。来到此处的游人可以一边大快朵颐，一边喝着清爽的青岛啤酒，这种享受令人感到惬意无比。

山东省青岛市市南区四方路 乘乘2、5、205、218、222、231路公共汽车在中山路站下

5 龙山路基督教堂

青岛最富魅力的老建筑之一

★★★★ 赏

　　龙山路基督教堂始建于1943年，但因其建筑者所在的聚会处，不参加日伪当局举行的宗教仪式，所以直到青岛光复后才得以正式启用。龙山路基督教堂的造型典雅大方，规模虽然不大，但是细节处尽显设计者的巧思，教堂内部天顶较高，给人以一种十分开阔的感觉，而且视线也十分通畅，使得中间的圣坛十分醒目。其周围有漂亮的玻璃壁画，显示出独特的美感。

✉ 山东省青岛市市南区龙山路4号
🚌 乘1、221路公共汽车在观象路站下

6 萧军、萧红、舒群故居

知名现代作家的故居

★★★ 赏

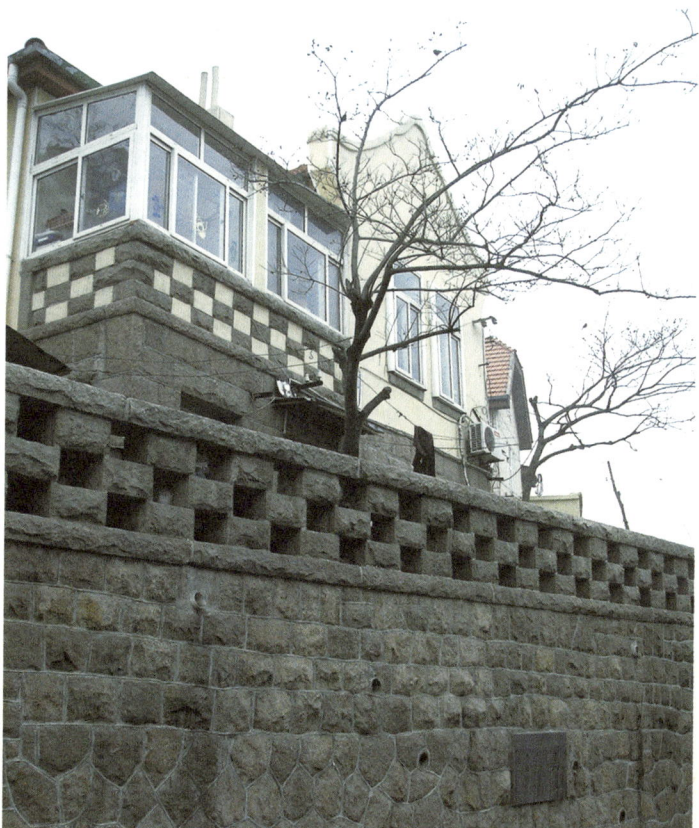

　　萧军、萧红、舒群故居是青岛著名的人文景点，看似普通的两层小楼，却居住过我国现当代文学史上三位著名的作家，长篇小说《生死场》和《八月的乡村》都是在这里创作完成的。故居里的陈设大体恢复了他们在此居住时的原状，游人们可以在此感受浓郁的文学气息和火热的革命激情。房屋位于山坡之上，站在窗户前，可以看到一望无际的大海和林木葱茏的信号山。

✉ 山东省青岛市市南区观象一路1号 🚌 乘1、221路公共汽车在观象路站下

7 德国总督楼旧址

昔日德国总督的官邸

★★★★★ 赏

德国总督楼是典型的德意志第二帝国时代建筑，以新古典主义的建筑风格作为主体，并结合了青年风格派的元素，轮廓线条优美，色彩瑰丽，为我国单体别墅建筑之冠。德国总督官邸采用了独特的不对称结构方式，高达30米的哥

特式尖塔是这里的象征，外墙上涂抹着明丽的红蓝色彩，仿佛一座华美的宫殿。在新中国成立后德国总督楼成为新中国最早的国际迎宾馆，留下了众多老一辈革命家和国际友人的身影。

✉ 山东省青岛市市南区龙山路26号 🚌 乘217、220路公共汽车在龙江路站下
📞 0532-882888988
¥ 20元（旺季）；13元（淡季）

8 龙山地下商业街
青岛著名的商业街　★★★★　逛

　　龙山地下商业街是青岛著名的地下商业街，井然有序地排列着400余家店铺，其中还包括在当地很有名气的小型购物城。漫步在商业街上可以看到适合年轻人淘宝探寻的街边小店，但最多的还是各种品牌的专营店，以及集中了国内外各式中高档品牌的时装店和饰品店。而那些价格相对平易近人的折扣店，也吸引着众多来这里休闲逛街的人们的目光。此外，龙山地下商业街还会在每年的9月举行盛大的"龙山服饰节"，是青岛著名的节庆旅游项目。

✉ 山东省青岛市市南区龙山路14号
🚌 乘217、220路公共汽车在龙江路站下
📞 0532-82936708

9 观象山公园 ⟨90分!⟩

青岛著名的科普公园

★★★★★ 赏

观象山公园原本是青岛气象台的所在地，到了20世纪80年代被扩建为以气象科普教育为主题的公园。来到这里的游人可以前往天文气象科普室，了解各种天文气象知识以及有趣的逸闻故事。高大的万国经度测量纪念碑上标注着清晰的经纬线，背面则刻有青岛的地理坐标。

观象山公园里的林木枝叶繁茂，在浓荫掩映下不时可以看到公园内散步的游人，各种各样健身器材上都有附近居民锻炼的身影，清澈的溪水中不时传来孩童们戏水欢笑的声音。

✉山东省青岛市市南区观象二路21号 🚌乘228、231路公共汽车在黄岛路站下 ¥免费

❀ 青岛观象台旧址

观象山公园的名景

青岛观象台始建于1905年，是当时德国占领军观测天气状况的地方，在新中国成立后成为青岛海军基地的气象所，至今仍是不可进入的军事禁区。观象台是一座堡垒式建筑，高21.6米，由花岗岩砌筑而成，气势颇为雄伟。

❀ 望火楼旧址

旧时的消防设施

望火楼位于高坡之上，是德占时期消防队观测火情的瞭望塔，后因为现代通信事业的发展而逐渐失去了原有功能。望火楼有着堡垒式的建筑结构，坚固的石柱支撑着黑色的铁皮塔顶，十几级石级之上是一个镶嵌有鹅卵石的门槛儿。现在的望火楼已经成为青岛著名的观景平台，在那里不仅可以欣赏观象山公园的众多美景，还能纵览青岛市区的繁华风光，远方的大海则在视野中若隐若现。

10 凯越国际青年旅馆

青岛著名的青年旅馆   ★★★★ 住

凯越国际青年旅馆是由德占时期的教堂改建而来的，环境清静整洁，各种设施完善，在背包客和驴友中有着很好的口碑。凯越国际青年旅馆的大门有着鲜明的古希腊建筑风格，高大的圆柱十分醒目，一楼老教堂吧为青岛老城区最好的西餐酒吧之一。凯越国际青年旅馆位于青岛的市中心，门前公共汽车站四通八达，著名的中山路只相隔几百米，迎宾馆、胶澳总督府、老舍公园、观象山、观海山等景点也都是步行可到。

📧 山东省青岛市市南区济宁路31号 🚌 乘228、308支路公共汽车在胶州路站下 📞 0532-82845450

大赏青岛

青岛

攻略HOW

及周边

青岛 小青岛

　　小青岛位于青岛湾中，面积只有0.024平方公里，可谓是小巧玲珑。岛上最显眼的景致是最高处矗立的一座洁白的锥形灯塔，这是当年重要的航行标志，新中国成立后经过了大规模的改修，通体用白色大理石构筑，分上下两层，塔顶部装有用水晶棱镜镶成的反射镜，并以牛眼形旋转式造镜电力发光。每到晚上灯塔发出耀眼的光芒，为来往船只导航。

小青岛 特别看点！

第1名！
小青岛！

100分！

★ 青岛近海第一名景，青岛近海的标志性景点！

第2名！
海军博物馆！

90分！

★ 纪念人民海军发展历史的博物馆，了解人民海军的历史！

第3名！
青岛海底世界！

75分！

★ 中国最早的海洋世界之一，我国唯一的海洋水产博物馆！

---

1 小青岛 （100分！）
青岛近海第一名景
★★★★★ 赏

小青岛又名琴岛，位于青岛近海，虽然面积不大，但岛上林木葱茏，鲜花盛开，有着"琴岗翠滴"的美誉。小岛与回澜阁遥相呼应，从高处俯瞰，宛如两颗撒落在大海中的

✉ 山东省青岛市市南区琴屿路2号　🚌 乘6、26、223、304、311、501、801、802路公共汽车在鲁迅公园站下　📞 0532-82863944　¥ 15元（旺季）；10元（淡季）

小青岛

明珠。漫步在小岛的防波大堤上，可以看到层层叠叠的海浪击打在坚固的堤坝时所形成的水花美景，而远处那海天一色的壮观景象则令人心旷神怡。走累了的话，还可以到茶舍中休闲一番，露天的石凳、石椅则是情侣们最喜欢的座位。夜色中的小青岛有着欲罢还休的诱人姿态，激发了在远处遥望此处的游人们前去游览一番的热情。

灯塔

青岛近海的标志性景点

小青岛的灯塔是在1900年由德国占领军修建的，之后一直是青岛港的夜间航标。外观为锥形的灯塔造型华美，白色的外墙更衬托出它的典雅魅力。灯塔高15.5米，顶部装有用水晶棱镜镶成的反射镜，射程为12海里，不仅能为过往船只指引航线，照射在水面上的绚丽灯光还是青岛十景之一的

"琴屿飘灯"。每到华灯初上之时，小岛上的灯塔就会绽放出忽明忽暗的光芒，并且与对岸的城市灯光交相辉映，共同交织出了一个瑰丽的夜色世界。

2 海军博物馆 （90分！）

纪念人民海军发展历史的博物馆

★★★★★ 赏

青岛海军博物馆是全面介绍中国海军发展历史的博物馆，主要分为三大展区，其中室内展区里陈列着不同时期的海军制服，以及主要作战舰船的模型和资料。武器装备区收集了多种武器装备，还有众多友好国家赠送的礼品。

✉山东省青岛市市南区莱阳路8号 🚌乘6、26、223、304、311、501路公共汽车在鲁迅公园站下
📞0532-82866784 💴70元

小青岛

海上展舰区是这里最有名气的展区，里面停泊着人民海军的早期支柱，也是新中国第一艘驱逐舰"鞍山"号；一旁则是南沙海战中大显身手的火炮护卫舰"南充"号和防空导弹护卫舰"鹰潭"号，游人们可以登上部分舰船进行零距离接触。来到这里的游客们还可以进入退役潜艇的船体内参观，这是该馆最具吸引力的互动项目之一。

3 刘知侠故居
中国当代作家的故居 ★★★ 赏

刘知侠是当代著名作家，他所创作的《铁道游击队》曾风靡了全中国，并多次改编为电影、电视剧，至今仍有很大的影响力。刘知侠于1985年移居青岛，就居住在金口二路的一座普通民居内，四周林木茂密，环境清幽，作家在这里创作出了长篇小说《沂蒙飞虎》、中篇纪实文学《芳林嫂》和《我的童年》、《战地日记——淮海战役见闻录》。刘知侠故居现在不对外开放，游人只能欣赏到其主体建筑的形貌。

✉ 山东省青岛市市南区金口二路42号
🚌 乘6、26、223、304、311、501路公共汽车在鲁迅公园站下

4 鲁汉民艺屋

位于海边的童话 ★★★★ 买

很多人将鲁汉民艺屋称做位于海边的童话，屋子并不大，但是里面满满当当都是各种趣味十足的民艺制品，囊括了剪纸、年画、泥塑、布艺、刺绣、木雕、陶瓷等各种民间工艺品，琳琅满目。不光是青岛本地的，还有来自全国各地的工艺品，像交趾陶器和泥人张的泥人等，每一件都是上好的艺术品，让人爱不释手。鲁汉民艺屋除了这多如繁星的工艺品外，还是一个上佳的观景胜地。由于屋子正好位于大海边，通过窗户直接可以看到蜿蜒的海岸线和美丽的沙滩，这美妙的大自然景色和屋内人工制作的精巧工艺品堪称天作之合，交相辉映令人惊奇。

✉ 山东省青岛市市南区太平路21号 🚌 乘6、26、223、304、311、501路公共汽车在鲁迅公园站下

5 青岛海底世界 75分!

中国最早的海洋世界之一 ★★★★★ 玩

海底世界是青岛的名景之一，集休闲、观光、娱乐、科普等多功能于一体，是独具特色的海洋生态大观园。青岛海底世界运用了现代化的展示手段，在带领游人探寻神秘海底世界的同时，还能了解各种海洋生物的习性。海底世界各个展馆的外形也颇具特色，并与附近优美的自然风景巧妙地融为一体，是一个颇具魅力的现代景区。船舱通道则是海底世界中最独特

✉ 山东省青岛市市南区莱阳路1号 🚌 乘6、26、223、304、311、501路公共汽车在鲁迅公园站下 📞 0532-82892187 ¥ 120元（旺季）；100元（淡季）

的景区，圆柱展缸里是由五彩缤纷的珊瑚组成的水下世界，而海底表演大厅是这里最大的展厅，游人们在这里可以看到精彩的表演，运气好的话，还能见证华丽的水下婚礼。

❀ 梦幻水母宫（水族馆）

中国最早的水族馆

水族馆始1932年5月正式开放，至今已有80年的历史。经过不断改造创新，青岛水族馆的饲养和研究水平有了质的飞跃。梦幻水母宫作为内陆第一座专业性水母展馆，不仅以先进的手段向游客展示了形色各异的水母，同时建立了水母繁殖实验室，对多种水母的繁殖和发育进行深入研究和探讨。在这里可以看到一只只浮游在水中的水母，它们形态各异，犹如花园中盛开的花朵，争奇斗艳、绚丽无比，以其靓丽璀璨的身姿，将人们带入蔚蓝色的梦幻世界。

海兽馆

最受孩子们欢迎的展馆

海兽馆是欣赏海豚等水中精灵们进行精彩演出的地方，如果运气好的话，还可以与它们亲密接触。海兽表演馆中既有游泳健将洪氏环企鹅，也有斑海豹、南美海狮、海龟、蠵龟等这些憨态可掬的生物。活泼的海狮、海豹还会在这里进行各种有趣的表演，那些看似笨拙的身体却能进行各种灵巧的表演，不时博得人们的掌声，出错时的滑稽神态，也让人开怀大笑，欢乐无比。

海洋生物标本馆

我国唯一的海洋水产博物馆

海洋生物馆展出面积1200平方米，分上下两层，展出我国及世界其他地方的珍稀海洋生物品种1950余种，2万多件，是中国馆藏海洋生物标本最全的博物馆，也是全国唯一一家专业性海洋生物标本馆。游客在这里感受海洋孕育万物的博大胸怀的同时，获得丰富的海洋科学知识。水族馆里展示着众多海洋生物的标本，其中包括巨大的抹香鲸，我国罕见的北海狮、北海狗，以及以噬人鲨和大青鲨为代表的凶猛鲨鱼。陈列馆里则设有《祖国的海洋动、植物资源》展览专题，

游人在此处可以了解到我国沿海生存的各种动植物分布范围及其生活习性。

海底隧道

海底世界的主要展馆

海底隧道是海洋世界中最受欢迎的展区之一，它是一个环形通道，游人可以在自动电梯上欣赏在顶部和两侧游动的海洋生物。海底隧道中生活着数百种、上万只海洋生物，构成了一个完整的生物链，是人们了解海底世界的好地方。海底隧道里生活着许多种类的鲨鱼，既有温驯可爱的护士鲨、豹纹鲨、日本须鲨、黑鳍鲨、白鳍鲨等，也有形态奇异的魟鱼等生物。

淡水生物馆

淡水生物的乐园

淡水生物馆建于1995年，以展示淡水生物为主，包括分布于我国长江水系的珍贵水生动物，分布于南美洲、非洲及南亚的热带水生植物和动物等。其中有分别被列为国家一、二级保护动物的中华鲟、扬子鳄、中国大鲵（娃娃鱼）、胭脂鱼，还有生长于亚马孙河流域的巨骨舌鱼、盘丽鱼，凶猛的马来鳄等。

6 鲁迅公园

青岛最具特色的海滨公园

★★★★★ 玩

　　鲁迅公园位于青岛市中心，拥有非常美丽的自然景观，光滑的红色礁石在波涛中若隐若现，蜿蜒崎岖的道路在幽静的林木中穿行，空气中弥漫着野花的淡淡香气，让来到这里的游客沉醉其中。位于正门处的鲁迅先生的花岗岩雕像是公园的标志，附近还有一座造型华美的牌坊

式建筑。鲁迅公园里还有亭台楼阁等建筑景观，尤其是那几座造型典雅的凉亭，其顶部是由树皮制作而成，洋溢着古朴的韵味和自然的气息。此外，这里还有供人出海游玩的小码头，而呐喊台、鲁迅自传碑和鲁迅诗廊也是颇具特色的景点。

山东省青岛市市南区琴屿路1号
乘202、214、228、223、304、501路公共汽车在鲁迅公园（海底世界）站下 0532-82868471 免费

大赏青岛

青岛

攻略 HOW

及周边

青岛
小鱼山公园

　　海拔80多米的小鱼山不能算是青岛市内的高山，但是登上小鱼山可以将周围栈桥、小青岛、鲁迅公园、海水浴场、八大关等景观尽收眼底，是一处观景的好去处。在山顶有一座"揽潮阁"，八角形的建筑高3层，与栈桥的"回澜阁"遥相呼应。阁内设有螺旋形楼梯，人们可以沿平台绕阁一周，享受蓝天、碧海、古建筑带来的浪漫感受。

小鱼山公园 特别看点！

第1名！
小鱼山公园！

100分！

★市区中的休闲公园，大型山水园林公园！

第2名！
中国海洋大学鱼山校区！

90分！

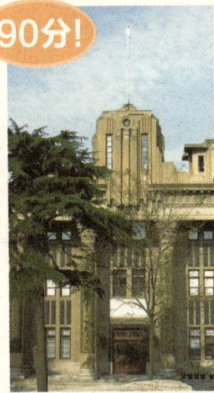

★景色优美的校园，参观民主斗士闻一多的故居！

第3名！
康有为故居！

75分！

★康有为人生旅程的最后一站，了解康有为的人生经历！

1 小鱼山公园 （100分！） 玩

★★★★★

市区中的休闲公园

　　小鱼山公园是一座大型山水园林公园，园内山清水秀，鸟语花香，松竹林木郁郁葱葱，很难让人想象此处在20世纪80年代之前还是一片荒山。海拔80多米的小鱼山是公园的核心景点，山上建有多座造型典雅的亭台

✉山东省青岛市市南区福山支路24号 🚌乘220路公共汽车在小鱼山站下 ☎0532-82883635 ¥15元

楼阁，连接它们的是蜿蜒崎岖的山道。揽潮阁位于小山的顶部，高18米，上下三层，与前海栈桥的回澜阁遥相呼应，游人可在阁外的观景平台上，纵览青岛的市区风光。

2 八关山

洋溢着人文气息的小山

★★★★ 赏

　　八关山是青岛的名山之一，在20世纪二三十年代，这里会聚了大批知名作家，因此在我国的文学史上占有重要地位。八关山上林木葱茏，遍地野草，散发出淡淡清香的野花夹杂其间，道路两旁鳞次栉比地排列着一座座造型典雅的房屋，其中既有大文学家沈从文在青岛时的旧居，也有著名作家、戏剧家洪深的故居，近代风云人物康有为则在这里走完了人生最后的旅程。来到八关山顶部既可以俯瞰青岛市区的繁华风光，又能遥望碧波万顷的大海，此情此景，美不胜收。

✉ 山东省青岛市市南区　🚌 乘220路公共汽车在齐河路站下

③ 康有为故居

75分!

康有为人生旅程的最后一站 ★★★★★ 赏

✉ 山东省青岛市市南区福山支路5号　🚍 乘6、15路 公共汽车在海水浴场站下　📞 0532-82879957

¥ 8元（旺季）；5元（淡季）

　　康有为故居是八关山地区少数几个对外开放的故居景点，为介绍其生平事迹的展览馆，共有三个展区。康有为生活居所复原了康有为在此生活时的布局，正门上方悬挂着刘海粟先生题写的"康有为故居"匾额，楼梯旁边则是惟妙惟肖的康有为塑像，那些珍贵的紫檀家具都是康有为先生用过的。康有为收藏展览馆里陈列着许多珍贵的物品，其中既有珍贵的珠宝，也有罕见的孤本书籍和康有为的信件及手稿等资料。康有为生平图片展是全面介绍康有为人生历程的地方，其中既介绍了他在"戊戌变法"时所起的重要作用，也描述他在宣统复辟丑剧中所扮演的角色。

4 中国海洋大学鱼山校区 90分!

景色优美的校园

★★★★★ 赏

　　中国海洋大学鱼山校区位于景色优美的鱼山山麓，校园内花木繁茂、碧草如茵，幽雅的环境中遍布着众多人文景观。海洋大学的校门气势雄伟，两侧的巨大石柱造型颇为华美，校名是由一代伟人邓小平所题写的。

　　漫步在校园内能够看到那一栋栋掩映在林木中的楼宇，它们造型典雅，其中既有洋溢着欧陆风情的德式建筑，也有庄严肃穆的俄式建筑，它们风格各异，却又巧妙地相互辉映，都是海洋大学辉煌历史的象征。

✉ 山东省青岛市市南区鱼山路5号　🚌 乘1、220、221路公共汽车在红岛路站下

❀ 闻一多故居

民主斗士闻一多的故居

闻一多曾在1930至1932年间任教于当时的山东大学，他的故居就位于中国海洋大学鱼山校区东北角的一栋二层小楼内。这座古朴典雅的楼房是青岛较为少见的南欧风格建筑，虽然已经没有了当初鲜艳的颜色，但依然保持着典雅的风格，此楼地上两层，有地下室和阁楼，屋顶呈四面坡状。楼正门外立有闻一多的塑像，还有他的学生——我国著名诗人臧克家所撰写的碑文。闻一多就居住在这里一间靠南的房屋内。

❀ 俾斯麦兵营

德占时期的军营

俾斯麦兵营是德占时期修建的大型建筑之一，除拥有四座兵营外，还有士兵活动中心、军官公寓、士官公寓、枪炮修理厂、马厩等附属建筑。四座兵营修建时间相隔不长，但风格各有不同，一号与二号营房是华丽的新哥特式建筑，房屋内外装饰着精美的图案与徽记。三号营房较为简朴，而四号营房是纯粹的公共建筑风格。

❀ 六二楼

造型典雅的日式建筑

六二楼建于1921年，是当时日本中学的教学楼，1949年6月2日青岛获得了解放，为纪念这个极具历史意义的时刻，就将此楼命名为"六二楼"，现为青岛海洋大学的办公楼。小楼是典型的日本大正时期建筑，造型华美大方，气势雄伟，以现代建筑风格为主，又添加了日本江户时期的建筑元素。

5 沈从文故居

文学家的故居

★★★★ 赏

📧 山东省市市南区福山路3号　🚍 乘220路公共汽车在齐河路站下

沈从文于1931年至1933年间在青岛大学中国文学系执教，其间写下了《从文自传》、《记丁玲》、《月下小景》等诸多名篇，文学大师巴金也曾在此居住过一段时间，创作了《爱》，还为《砂丁》写了序。

沈从文故居是一座造型典雅的二层小楼，外侧围墙的墙壁是用花岗岩砌筑而成的，并涂抹上明亮的黄色。故居四周的环境清幽，林木茂密，还有鲜花盛开其间。沈从文故居没有对外开放，游人们只能在外侧欣赏它的建筑风格。

山东省青岛市市南区福山路1号 乘220路公共汽车在齐河路站下

6 洪深故居

剧作家洪深的故居 ★★★★ 赏

洪深是我国著名的剧作家，创作出了我国第一部话剧剧本、第一部电影剧本《申屠氏》和第一部电影文学剧本《劫后桃花》，开了电影文学事业的先河。洪深还是我国重要的戏剧理论家，主要著作有《洪深戏剧论文集》、《编剧二十八问》、《电影戏剧表演术》等。

洪深故居是一座造型典雅的欧式建筑，洋溢着浪漫的风情，四周的环境清幽，旁边就是沈从文等名人故居，不由得让人浮想联翩，不知道这两位名士是否有过共同进出的场景。

7 梁实秋故居

梁实秋先生的故居 ★★★ 赏

梁实秋先生曾在1930年至1934年间任青岛大学的外文系主任兼图书馆馆长，当时一直居住在风景优美的小鱼山上。梁实秋故居是一座造型典雅的中式建筑，四周环境清幽，洋溢着浓浓的书卷气息。游客们可以在梁实秋亲手种植的大树下，遥想大师在此居住时与胡适、闻一多等著名学者进行交流的情景。

位于鱼山路上的故居虽然没有什么绚丽的景观，却一直铭记在梁实秋的心中，其晚年作品《忆青岛》中曾多次提到此地，认为在青岛的四年是他一生中家庭最幸福的时期。

✉ 山东省青岛市市南区鱼山路33号　🚌 乘1、25、225、307、367路公共汽车在大学路站下

8 童第周故居

著名科学家的故居 ★★★★ 赏

童第周为我国现代生物学作出了重大贡献，他不仅一手创立了新中国的实验胚胎学，并在发育生物学和分子遗传学的研究领域进行了开拓性研究。

童第周从欧洲留学归来后任教于当时的山东大学期间一直居住在这里，其故居是一幢风

格典雅的二层建筑，尤其门前的香椿树枝叶繁茂，据说童先生在此居住期间最喜欢在这株树下漫步。童第周在这里一直居住到1937年日寇入侵时才离开，1946年山东大学在青岛复校后，他回到山东大学创建了动物系并担任系主任，继续在此居住，直到山东大学迁往济南。

✉ 山东省青岛市市南区鱼山路36号　🚌 乘1、25、225、307、367路公共汽车在大学路站下

大赏青岛

青岛

攻略 HOW

及周边

青岛 八大关

八大关指的是青岛市内的八条街道，它们都以长城上八处重要的关隘命名。在过去这里是豪门显贵聚居的地方，留下各种样式华贵美丽的经典建筑。而新中国成立后这里也是重要领导人的居所，至今还留有不少遗迹。除了精美的建筑外，这八条大街的两侧各自种植了不同的植物，有的盛夏时节花团锦簇，有的一年四季常青常绿，景色各具特色。

八大关 特别看点！

第1名！
山海关路！
100分！

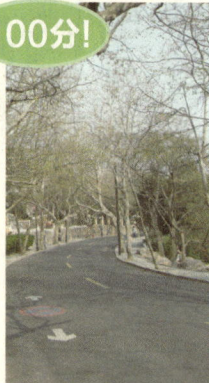

★青岛著名的八大关之一，欣赏众多元帅居住过的元帅楼！

第2名！
花石楼！
90分！

★青岛最具代表性的建筑之一，环境优美的欧洲古堡！

第3名！
居庸关路！
75分！

★被收录于影视作品的道路，欣赏北欧风格别墅！

① 山海关路 （100分！）
著名的八大关之一
★★★★★ 赏

　　山海关路是青岛著名的八大关之一，这条路沿着太平湾而建，一面临海，有很多传统建筑。其中山海关路1号是一座法式建筑，拥有巴洛克风格的立柱，红瓦黄墙，环境幽静，很多外国客人特别喜欢这里，到青岛来都会住在这儿。而离之不远的山海关路5号则是一幢日式建筑，正对着

✉ 山东省青岛市市南区山海关路　🚌 乘214、219路公共汽车在正阳关路站下

第二海水浴场，外墙为绿色面砖，庭院内藤萝森森，环境极佳。邓小平、谭震林等中央领导人曾经居住在这里。此外山海关路9号曾是美国第七舰队司令柯克上将的宅第，山海关路13号曾是山东省主席韩复榘的别墅。可以说这条路上几乎每一幢房屋都很有来历，是人们访古怀旧的大好去处。

八大关宾馆贵宾楼

专门接待党和国家的领导人的宾馆

八大关宾馆贵宾楼位于山海关路9号北门处，建于1993年，对于当地其他建筑来说，这座算是比较年轻的了。贵宾楼是按照最高级的宾馆标准修建的，专门接待党和国家的领导人。此楼建成后，江泽民、朱镕基、万里等都曾在此下榻过，所以也被称做"国宾馆"。楼内设施先进，所有的设施都是最高级的，内有室内游泳池、保龄球、网球场、桑拿浴、天然海水浴场、娱乐城等娱乐设施，还有能召开各种会议的会议室，里面都配有同声传译系统，十分方便。

✿ 元帅楼

元帅们居住过的小楼

元帅楼就是山海关路17号，是一座日式小楼，在楼前还设置有庭院，园子虽不大，但内有假山湖石，竹林和绿树相映成趣，风景优美。新中国成立后，这里接待过新中国十大元帅中的五位，徐向前、罗荣桓、彭德怀、刘伯承、贺龙先后在此下榻，故被称为"元帅楼"。据说楼内有三个套间，其中一间日式套间的墙壁上有一棵超过千年树龄的樱花树，十分珍贵。有人甚至开玩笑说在这里住上一夜，寿命都会延长呢。至今这里并不对外开放，游人们只能隔着围墙欣赏院内大楼的优雅风姿。

2 紫荆关路

美丽的雪松景色 ★★★★★ 赏

紫荆关路也是青岛八大关之一，以长城上著名的要塞紫荆关命名。这条路让人印象最深的当数路两旁成排的雪松，一年四季常青不败，因此不管什么时候来到紫荆关路都能看到一片遮天蔽日的绿荫，显得朝气蓬勃。尤其是在寒冷的冬季，万物萧条，其他道路上的碧桃、紫薇、五角枫等都脱光了树叶，显得一片萧瑟的时候，紫荆关路上的雪松却依然碧绿如昔，让人在萧瑟的季节里感受到一丝绿的温馨与惬意。在紫荆关路上也有很多20世纪三四十年代修建的古老建筑，这些建筑风格各异，有英、法、德、日、俄等各国经典造型，堪称一座"万国建筑博物馆"。

✉ 山东省青岛市市南区紫荆关路 🚍 乘6、26、31、206、304、312、501、604路公共汽车在武胜关路站下

3 花石楼 90分!

青岛最具代表性的建筑之一

★★★★★ 赏

　　位于八大关景区最南端的花石楼是青岛最具代表性的建筑之一。它背靠八大关，面对第二海水浴场，环境优美，风景独特。这幢楼是在20世纪30年代由苏联人修建的，外形呈典型的欧洲古堡样式，又融入了希腊和罗马等样式，那高耸的建筑线条分明，又带有哥特式建筑的风采。由于楼的整体分两层，楼内由大理石贴墙面，楼外又砌有花岗岩和鹅卵石，故得名花石楼。花石楼共分五层，顶层为观海台，可以遥望不远处的第二海水浴场的海岸风景。新中国成立后，党和国家领导人董必武、陈毅等都曾在此下榻，尤其是陈毅元帅更是对这里印象深刻。

📧 山东省青岛市市南区黄海路18号 🚌 乘26、223、228、304、311、316路公共汽车在一疗站下 📞 0532-82039219 ¥ 8.5元

4 韶关路

浓郁东亚风格的道路

★★★★★ 赏

韶关路曾经是"八大关"中最长的一条路，但是后来由于建设八大关小礼堂和八大关宾馆主楼，使得路被缩短了三分之一。早在20世纪三四十年代时，这里是日本人和中国人的聚居区，欧美人较少，因此路上的建筑具有浓郁的东亚风格，和别处颇有不同。路两侧种满了碧桃，每到春天粉红色的桃花盛开，整条路都被染上了好看的颜色。韶关路54号是当年日本人建的东亚大饭店，和韶关路上多为单体小楼的风格不同，这幢大楼气势雄伟，

面积广阔，显得与众不同。如今这里已经被改建为"民革"、"民盟"、"民建"等民主党派的办公楼，不过经常还是能看到游客到此来访古探幽。

✉ 山东省青岛市市南区韶关路 🚌 乘6、26、223、304、312、604路公共汽车在武胜关路站下

5 嘉峪关路

看知名人士的故居

★★★★★ 赏

✉ 山东省青岛市市南区嘉峪关路 🚌 乘6、26、31、206、223、304、312、316、501、604路公共汽车在武胜关路站下

嘉峪关路是以长城的终点嘉峪关的名字命名的，一路上种植着一排排的五角枫，每到秋天，枫叶被红色浸透，阳光照进路面，整条路都被红色所染透，那景色实在是壮观。同时嘉峪关路还是很多知名人士的居住地，其中嘉峪关路4号曾是青岛大新民报社的宿舍，这座建筑建于20世纪30年代，是由苏联设计师设计的，整个建筑强调以中轴线为对称，显得十分规整。曾经有不少知名人士在嘉峪关路4号疗养过。此外，嘉峪关路5号曾是张柏祥的别墅，嘉峪关路6号曾是美国驻青岛总领事馆副总领事的住宅，而嘉峪关路7号曾是日本青岛华北烟草株式会社社长林薰的住宅。

居庸关路是一条东西向的大路，和八大关其他道路一样，这里路两侧种满了银杏树，这里的银杏的树龄已经都很高了，不过依然枝繁叶茂，每到秋天，如扇子一般的金黄色树叶飘飘扬扬，吸引了无数摄影爱好者在这里拍照留念。在居庸关路上曾经居住过很多党和国家的领导人，比如彭真同志在居庸关路10号住过，徐向前、罗瑞卿、刘亚楼、陈少敏等人曾经居住在居庸关路11号。其中陈云等领导人曾住过的居庸关路11号乙是一座日本明治维新时期风格的建筑，曾经被一些电影用来当做外景地使用。而在它对面的居庸关路14号则是一幢美式建筑，曾经被用来作为拍摄宋庆龄一家在美国生活时的场景，因此也命名为"宋家花园"。

6 居庸关路

被收录于影视作品的道路

75分！

★★★★★ 赏

📧 山东省青岛市市南区居庸关路　🚌 乘 214、219路公共汽车在正阳关路站下

🌸 宋家花园

宋氏家族的别墅

宋氏家族是我国近现代豪门之一，出现了以宋庆龄、宋美龄为代表的多位风云人物，这座花园式的别墅则是宋子文在青岛任电信局局长时居住的地方。宋家花园是一座洋溢着美利坚风情的豪华别墅，里面的建筑物造型典雅，给人以华美大方的感觉。电视剧《宋庆龄和她的姐妹们》还将此地作为外景点，拍摄了宋家姐妹在美国生活时的情景。现在的宋家花园不对外开放，游人只能在远处观赏别墅的华美景观。

✿ 公主楼

北欧风格的别墅

公主楼位于居庸关路16号，据说是当时丹麦总领事为丹麦公主来青岛避暑而建筑的别墅，但实际上丹麦公主最后并没有来，而"公主楼"的名字却留了下来。小楼由一幢主楼和不规则斜顶屋组成，南部有方形平台，就像是童话故事中常有的模样，精巧可爱，颇具北欧建筑的风采。主楼为砖木结构，花岗岩地基，屋脊双面陡坡呈尖耸状，开有可远眺海滨的气窗，建筑造型简捷、流畅、精巧、活泼。室内装饰考究，光线明亮，起居设施完备。此外在屋外还有一处碧绿的草坪。

7 正阳关路

八大关的正中部分

★★★★★ 赏

📧 山东省青岛市市南区正阳关路　🚌 乘214、219路公共汽车在武胜关路站下

正阳关路位于八大关的正中位置，将整个八大关景区分为南、北两个部分。在八大关八条道路两侧都种植着不同的树木，正阳关路也不例外，在这里种着大片的紫薇，每到夏季花开满地，紫色的花朵和绿色的树叶交织在一起，景色十分美丽。在正阳关路有一座八大关中最大的游园，园中种植了不少南方特有的植物，有蟠龙松、虎皮松、万峰松、水杉、龙柏、玉兰、木芙蓉等。正阳关路14号曾是银杏饭店，新中国成立后也是青岛疗养院的疗养楼，曾经有很多知名人士在这里疗养。正阳关路36号是义聚合别墅，外形看上去很普通，但是内部装修相当华丽，蒋介石曾经在这儿住过很长一段时间。

8 八大关小礼堂
未建完的礼堂 ★★★★ 赏

✉山东省青岛市市南区荣成路44号
🚍乘214、219路公共汽车在南海路站下 📞0532-83872168

八大关小礼堂位于八大关景区内的荣成路44号，建于1959年。因为建筑整体都是用石头砌成的，所以也被青岛人昵称为"石头城"。当时规划的礼堂规模很大，但是由于各种因素，工程在建成了地上、地下各一层后就告停工，后于1988年进行了后期的整备和收尾工作。但是这座礼堂并非是一座"半成品"，礼堂中有观众厅、宴会厅、大型会议室等房间，都高大雄伟，气势恢弘。每年政府的大型宴会，如国庆招待会等都在这里举行，包括邓小平、江泽民、李鹏、万里、朱镕基、杨尚昆、吴邦国、田纪云等在内的党和国家领导人都曾经在这里开会或是赴宴。同时这里还是青岛人拍摄婚纱照的好地方。

9 第二海水浴场
青岛人最喜爱的海水浴场 ★★★★★ 玩

✉山东省青岛市市南区山海关路6号 🚍乘6、26、31、206、223、304、316、317、501路公共汽车在武胜关站下 📞0532-66577309

第二海水浴场也叫太平角海水浴场，和八大关景区一步之隔，面积略小于第一海水浴场。每年夏天由于特殊原因这里进入封闭状态，其余时间人们均可自由进入。海水浴场所在的太平湾岸边多为红褐色岩石，峭壁如刀削斧劈，岸上黑松遍植，湾畔曲径纵横，或伸向海滩，或穿行于黑松林中。早在德占时期，这里就是德国人夏天避暑游泳的好去处。新中国成立后，毛主席也曾来到这里畅游，留下了一段佳话。第二海水浴场有坡缓、沙软、浪小、水净等特点，岸滩面积大，既适合在海中畅游，也适合在岸上进行日光浴，适合每一位前来的游客。此外浴场西部海滩多有千姿百态的鹅卵石，吸引了众多游客。

10 汇泉角

"汇崎松月"美景 ★★★★ 赏

山东省青岛市市南区 乘214、219路公共汽车在正阳关路站下

汇泉角是一处延伸入大海的狭长形海角，海角上林木繁茂，郁郁葱葱。因地处汇泉湾一带，故被称做"汇泉角"，尤其是海角上遍植松树，每到明月当空的夜晚，让人觉得景色分外优美，故有"汇崎松月"之美称。这海角地处胶州湾的重要门户，原本是一座居于海中的小岛，后在德占时期被填海形成海角，并在上面建设炮台。汇泉炮台在德国人口中是引以为豪的"出色的胡克炮台"。如今炮台早已不是昔日的模样，只剩下残垣断壁供人凭吊。而海角上的优美景色却是一如既往，每到早晨日出之际，远处海天之间就会被美丽的朝霞染成一片红色，那景色说不出的壮观。

11 太平角

青岛最美的海角

★★★★ 赏

太平角号称是在青岛众多海角中最漂亮的一处。在古时候这儿是一座被称做"碌豆岛"的小岛，在近代和大陆相连起来成为海角。后来当中国收回青岛主权后，为了祈愿青岛从此太平，不要再成为众列强鱼肉的目标，便将这处海角改名为"太平角"。如今的太平角早已是一处景色幽雅的旅游胜地，海角内共有5处主要的海岬和5道小海湾，海岬和大陆的连接处布满了各种奇形怪状的礁石，其中还有非常难得一见的蓝色礁石。这些礁石突兀嶙峋，好像各种鸟兽一般，同时还成为各路鱼儿最好的家园，人们常能隔着海水直接看到水面下的鱼儿游来游去，成为这里的一大景观。

📧 山东省青岛市市南区太平角一路 🚌 乘26、31、202、206、223、228、231、304、370、501、604、605路公共汽车在一疗站下

12 朗园

老建筑改建的酒吧

★★★★ 娱

　　位于青岛新老城区交界处的朗园原本是一座临海的老别墅，在近百年的历史中几次易主，历经沧桑。不过由于德式建筑的质量和结构都极为优秀，至今这座老建筑也没有多少变化，完好无损地保持着当初的样貌。不过朗园也并非像普通德式建筑那样横平竖直的古板，它的线条和大海优雅地融合在一起，配以高耸的蒙莎式屋顶和挂红筒瓦，就好像是从格林童话中走出来的一样。更为难得的是朗园周围还有种满绿树的庭院，和大自然和谐地契合在一起，给人以无限的美感。如今这里已经成为一处新兴的酒吧，人们可以坐在木质的吧台前静静体会这里散发出的小资情调，享受独有的浪漫风情。

📮 山东省青岛市市南区湛山五路6号　🚍 乘26、31、202、206、223、228、231、304、370、501、604、605路公共汽车在一疗站下　📞 0532-83875734

13 第三海水浴场

注重保持自然环境的浴场

★★★★★ 玩

山东省青岛市市南区太平角东部湛山湾 乘202、206、231、228、304、312、501、604、605路公共汽车在一疗站下

第三海水浴场位于太平角东部的湛山湾旁，虽然在规模上不及第一和第二海水浴场，但是贵在海水清澈，水质上佳，因此也是人们最青睐的海水浴场之一。相比起其他的海水浴场，这里更注重保持自然环境，海边林木葱茏，和金黄色的沙滩、蔚蓝的海水结合在一起，风景独好。而沙滩上一座座风格各异的更衣室也是这里的一景，这些更衣室中提供的冲浴水是热水，对那些不习惯冷水的冲浴者尤为适宜，这也正是第三海水浴场贴心服务的证明。此外，在浴场里还有一处烧烤区，每到日落时分总会聚集很多游客，一边欣赏美妙的日落情景，一边品尝可口的烧烤，别是一番享受。

青岛

攻略HOW

及周边

青岛 中山公园

　　中山公园兼具德国、日本、中国等风格的造园艺术，形成了自身独特的风格。在公园里种植着各种植物，色彩各异，让人眼花缭乱。尤其是每年春季，公园内2万多株樱花一起盛开，纷纷扬扬的花瓣像是粉红色的雪片一般落下，宛如梦幻一般。除了樱花外，公园里的桃花也是一大胜景，如红云一般的桃花伴随着阵阵香气，沁人心脾。

中山公园 特别看点!

第1名!
中山公园!

100分!

★青岛最大的市区公园,盛大热闹的樱花节!

第2名!
青岛山公园!

世界大战亚洲唯一战

90分!

★突出四季景色变换的景观墙,坚不可摧的古老炮台!

第3名!
太平山!

75分!

★青岛市内第一高峰,青岛的制高点一览城市风光!

---

1 欢动世界游乐园

青岛著名的主题乐园 ★★★★ 玩

　　欢动世界游乐园是我国首家开放式主题乐园,拥有众多老少咸宜的游乐设施,是青岛市民全家出游和朋友聚会的好地方。游乐园中设备上都涂抹着鲜艳的色彩,用于突出乐园的主题。其设计理念以发扬青岛深厚的大海文化为主题,并融入各种游乐设施之中。"海之星"是一座高达10多米的双层豪华旋转木马,已成为乐园的象征。"深海巨怪"是园内最惊险刺激的游乐项目,而"芭迪熊餐厅"将童真乐趣和时尚料理完美结合在一起,深受小孩子们的喜爱。

✉山东省青岛市市南区文登路28号　🚌乘202、206、219、302、304、306、317、604路公共汽车在中山公园站下
📞0532-82870999　💰120元

❷ 中山公园 （100分!）

青岛最大的市区公园

★★★★★ 玩

中山公园是青岛最大的市区公园，迄今已有百余年的历史，三面环山，一面向海，可谓是天造地设的风景佳地。公园内景观众多，既有古老的会前村遗址，又有碧波荡漾的孙文莲池，游乐场是最受少年儿童欢迎的地方，新兴的欢动世界则有着惊险刺激的娱乐项目。从中山公园还可以乘坐索道缆车前往太平山，游人在缆车上不仅可以欣赏附近的优美景观，还能遥望远方的大海。此外，中山公园还会举行众多的节庆活动，其中就包括大名鼎鼎的樱花节，而夏季灯会和深秋菊展也各自有着独特的魅力。

- 🏠 山东省青岛市市南区文登路28号
- 🚌 乘202、206、219、302、304、306、317、604路公共汽车在中山公园站下 ☎0532-82870546 ¥免费

✿ 青岛樱花节

中山公园内最盛大的节日

中山公园拥有从日本移植来的2万多株樱花，它们已有近百年的繁衍历史，是青岛的名景之一。每年的五一前后，正是樱花盛开的时节，因此中山公园会举行热闹的樱花节，届时会有众多游人到此赏樱。漫步在樱花林中，可以看到淡粉色的单瓣樱花和浅红色的重瓣樱花堆满树枝，争奇斗艳，灿若云霞，空中不断有如飞雪一般的樱花花瓣飘落下来，那景观难以用语言形容。

3 太平山 75分!

青岛市区第一高峰

★★★★★ 赏

✉ 山东省青岛市市南区文登路28号

🚌 乘202、206、219、302、304、306、317、604路公共汽车在中山公园站下

太平山位于青岛市中心,海拔150余米,是青岛市区第一高峰。太平山山势绵延起伏,向西连接青岛山、八关山及小鱼山,向东伸展为湛山,形成了一个巨大的弧形,将青岛的市区包围其间。现在的太平山上有青岛中山公园、动物园、植物园和榉林公园等景区,其中的自然生态观光园是封闭框架结构,引进了各种热带与亚热带植物,营造出了一派热带风光。此外太平山上还有青岛市动物园、百花苑——文化名人雕塑园、革命烈士纪念馆、青岛山炮台遗址等景点。

❀ 首创旅游观光电视塔

青岛的制高点

旅游观光电视塔位于太平山的山顶,高232米,是世界排名前十的高塔,其主体为全钢结构,具有电视接收发射和旅游娱乐等多种功能。游人们在这里可以俯瞰青岛的市区风光,把近处错落有致的建筑与远处海陆风光尽收眼底。电视塔160米处设有旋转餐厅,每到夜幕降临之际,游人在这里可以一边品尝美食,一边欣赏青岛的华美夜景。

4 青岛植物园

景色优美的植物园 ★★★★ 赏

青岛植物园是青岛最大的植物园区，这里鸟语花香，翠绿的青山与碧波荡漾的湖泊共同构成了一幅宛如人间仙境的美景，是一个集科研科普、休闲观光于一体的旅游景区。园内现种植着400余种近2万株花木，其中既有高大的红楠、水杉，又有色彩鲜艳的樱花、石岩杜鹃。园内还有攀岩、卡丁车、森林狩猎场、斗牛和水上项目等游乐设施，既充满刺激，又有安全保障，因此成为年轻人休闲聚会的好去处。

✉ 山东省青岛市市南区隐阳路33号 🚍 乘206、310、370路公共汽车在湛山寺站下 ☎ 0532-83861179
¥ 免费

5 青岛革命烈士纪念馆

纪念革命先烈的地方

★★★★ 赏

青岛革命烈士纪念馆建成于1981年，是青岛市区唯一一处纪念性园林，主要建筑有烈士纪念堂、烈士事迹陈列馆和业务资料办公楼。气势雄伟的纪念馆分上、下两层，上层是革命烈士骨灰堂，下层是纪念大厅，可容纳千人举行悼念活动，里面悬挂着王尽美、邓恩铭、李慰农、郭隆真、刘谦初、李春亭等著名烈士的遗像。东、西两侧分列10个展橱，陈放着全套《山东省革命烈士英名录》。烈士事迹陈列馆通过各种图片资料详细介绍了各位烈士的生平事迹。

✉山东省青岛市市南区芝泉路6号 🚌乘206、310、370路公共汽车在湛山寺站下 ☎0532-83861236

6 湛山寺

青岛市区的佛寺

★★★★★ 赏

青岛的建城历史较为短暂，市内古迹景点不多，建成于1945年的湛山寺，是青岛市区内唯一的佛寺。古寺的山门前有两尊造型精美的石狮，院内则是大雄宝殿、三圣殿、天王殿等建筑，高大藏经楼内珍藏着佛经6000余册及古代佛像。寺东侧小山上还有一座八角七级宝塔，气势宏伟。湛山寺是青岛地区的名寺，包括弘一大师在内的很多高僧都曾经在此讲经说法，特别是20世纪80年代以来，香火逐渐兴盛，每年都会举行大规模的法会，引得八方信众齐聚一堂，场面十分热闹。

✉山东省青岛市市南区芝泉路2号 🚌乘206、310、370路公共汽车在湛山寺站下 ☎0532-83862038 💴10元

7 百花苑

青岛的市区公园

★★★★ 赏

山东省青岛市延安一路55号 乘乘15、219、220、302、306、370、604路公共汽车在小西湖站下

百花苑又称文化名人雕塑公园，位于青岛山麓，是一处风景优美的休闲公园，园内清新幽雅的环境是闹市区中难觅的一块绿洲。公园里种植着众多名贵花木，四季常青的草坪间铺筑着迂回曲折的道路，一派优美的田园风光。1995年，当地政府邀请了国内著名雕塑家在园内为20名已故青岛籍或客居青岛的文化名人竖立雕像，他们或站、或坐，神情安详，栩栩如生，为公园平添了不少文化气息，堪称将人文景观和自然风景有机结合的典范。

8 延安二路商业街

新兴的婚纱街

★★★★ 逛

　　全长700多米的延安二路商业街并不是青岛最长的商业街，却有着"青岛第一婚纱街"的美称。最早延安二路只是一条普通的商业街区，不过随着开业的婚纱店越来越多，在2004年时就被命名为"青岛市延安二路婚纱摄影街"。如今经过几年的不断发展，这里的婚纱摄影服务也越来越富有特色了。现在在延安二路上有各种经营婚纱的店面50多家，还有20多家专门从事婚庆和摄影的店铺。其中婚纱有中式、欧式很多种，以前少有的旗袍婚纱如今也十分普遍了。而遍布青岛的古老欧式建筑也为婚纱摄影提供了得天独厚的条件，经常可以看到青年男女依偎在充满欧式风情的建筑旁留下他们难忘的一刻。

山东省青岛市市北区延安二路 乘乘25、217、225、307路公共汽车在延安二路站下

9 青岛山公园

90分!

突出四季景色变换的景观墙

★★★★★ 玩

山东省青岛市市南区京山路 乘 15、220、302、604路公共汽车在青岛动物园站下 0532-82966624 15元（只参观公园免费）

青岛山也称京山、青岛山炮台遗址，是太平山的余脉，位于中山公园的西侧，海拔128米。因为地处要地，从清朝开始这里就建起了兵营。而在德国占据青岛时期在山南建两座永久性炮台，并且以德国历史上最著名的铁血宰相俾斯麦的名字将其命名为"俾斯麦炮台"。如今整座青岛山都已经被开辟为山头公园，区内修建了游山小径和石级路，都盘旋通向山顶。山顶建有琉璃瓦覆顶的风景墙和观赏景观的亭子。其中风景墙以"知春"、"翠波"、"揽趣"、"梅友"为名，墙内按照季节的不同种植了各种树木，分别反映了春、夏、秋、冬四个季节青岛山上的美妙景色，是人们参观青岛山必到的地方。

青岛山炮台遗址

曾经坚不可摧的炮台

青岛山炮台原名俾斯麦炮台，是在德国占据青岛时期修建的，在日德战争中发挥过重要作用。后来德军战败投降后，炮台也被炸毁，只留下了当时的钢质炮座、水泥炮室和地下指挥部。如今人们可以前往地下参观这一暗道纵横的军事设施。1997年时，在炮台遗址上新建起了青岛近代史陈列馆，馆内通过一系列的图片和实物资料，展示了青岛在近代备受帝国主义列强欺凌的悲惨历史，特别是将德占、日占等时期的历史分门别类地展示出来，极富参观价值。

10 汇泉广场

放风筝的好地方

★★★★★ 赏

📧 山东省青岛市市南区文登路　🚌 乘26、202、223、228、231、311、312、316、501路在海水浴场（汇泉广场）站下

位于青岛市南区的汇泉广场是青岛最大的草坪广场，占地13.43公顷。这里原本是德国人的跑马场，新中国成立后改建成城市广场。广场周边植物以水杉和花灌木为主，层次分明，色彩艳丽。文登路从广场中间穿过，将广场分南、北两部分。南侧广场内建有国内最大的电脑音乐喷泉，水柱最高可达10米，特别是在艳阳高照的日子，喷出的水柱会形成飞虹景观，让人惊叹。而到了晚上，池内还有五彩灯光，配合喷溅的水柱如梦幻之境。北侧广场则是一片广阔的草坪，如今是青岛人放风筝的大好去处，每年春天这里空中到处都是各式各样的风筝，它们在空中上下翻飞的美丽风景让人沉醉。

11 第一海水浴场

青岛最大的海水浴场

★★★★★ 玩

✉山东省青岛市市南区南海路23号 乘乘6、26、31、214、223、228、304、312、501路公共汽车在海水浴场站下
📞0532-82878020

位于汇泉湾畔的第一海水浴场曾经是亚洲最大的海水浴场，浴场三面环山，一面临海，绿树成荫，现代高层建筑和传统的别墅掩映其中，和大自然巧妙地结合在一起，形成绝佳的美景。海湾内海水平静，沙滩细软，拥有作为海水浴场得天独厚的优势。如今这处海水浴场最大可以容纳2万人一起游泳，各种配套设施也很齐全，百余座造型新颖别致、色彩斑斓的更衣室成为沙滩上的一大景观。每到盛夏季节，酷暑难耐之时，第一海水浴场上总是挤满了来这里消夏避暑的人群，他们或携儿带女，或三五成群，或两两结伴，从四面八方赶来，一时间沙滩上人头攒动，十分热闹。

12 青岛动物园

和各种可爱的动物互动

★★★★ 玩

　　青岛动物园已有近百年的建园历史，是青岛市区内最大的动物园，一座座掩映在青山绿树间的馆舍里生活着各种野生动物。漫步在动物园中可以在鸣禽馆、百鸟笼处观赏拥有鲜艳羽毛和清脆叫声的鸟儿，猴山中生活着活泼顽皮的猴子，狮虎山里的狮子、老虎正在闭目休憩，而跑马场、爬行馆、猿猴馆、猩猩馆、孔雀园也是各有特色的展馆。青岛动物园的各建筑上还画上了精美的壁画，让人们在体验动物的生趣之外，还能欣赏到园林美景。

📧 山东省青岛市市南区延安一路102号 🚌 乘15、220、302、604路公共汽车在青岛动物园站下 📞 0532-82885943 💴 8.5元

13 中国国际葡萄酒街

展现浓郁的红酒文化　　　　★★★★★　逛

　　青岛不光是中国的啤酒城，也是一座葡萄酒城，位于市北区的中国国际葡萄酒街就是这样一条展示青岛葡萄酒文化的胜地。自2009年建成以来，有包括华东葡萄酒、青啤商贸、海誉葡萄酒、富隆酒业等十八家葡萄酒企业进驻，将商贸、娱乐、宣传等要素集于一体。在这条街上，建筑都具有浓郁的欧洲风情，各种诸如酒桶、酒瓶等装饰将这里的红酒氛围衬托得更为浓郁。人们随处都能见到各种销售葡萄酒的商店，这些葡萄酒很多都是直接来自海外的著名品牌，香味醇厚，味道正宗，因此吸引了不少好酒之徒专门来到这里选购。而整条街也像是一处红酒天国一般让人不饮自醉。

🏠山东省青岛市市北区延安一路　🚌乘3、15、219、220、302、306、604路公共汽车在动物园站下

14 青岛京剧院

发扬传统艺术　　　　★★★★　娱

🏠山东省青岛市市北区延安一路76号　🚌乘15、219、220、302、604公共汽车在动物园下　📞0532-82739774

　　青岛京剧院成立于1950年，是青岛最老牌的京剧院。在经历了京剧由盛而衰再到重新崛起的历史之后，始终坚持创新和改革，将这一传统艺术发扬光大。剧院创作演出了优秀传统剧、新编历史剧和现代京剧百余出，并挖掘整理了绝响京剧舞台十几年的言派艺术，在传承和发扬京剧上作出了不可磨灭的贡献。青岛京剧院规模宏大，设施先进，舞台声响效果优秀，可以将演员的每一句唱词都清晰地传播到观众席上，因此深受各个年龄层的戏迷们的喜爱。如今剧院经常会举行各种演出，不光是老年人，年轻人也很喜欢这里的京剧演出，而一些名角也成了他们追捧的对象。

15 青岛葡萄酒博物馆

国内首座以葡萄酒为主题的地下博物馆

★★★★★ 赏

青岛葡萄酒博物馆位于国际葡萄酒街，是利用原来延安一路的地下人防工事改建的，也是国内首座以葡萄酒为主题的地下博物馆。整座展馆都位于地下20米处，这样的环境更利于葡萄酒的保存，馆中珍藏了很多古老的葡萄酒，至今依然品质良好。此外，在这儿还能看到葡萄酒在青岛发展壮大的历史，通过各种过去使用的酒杯、酒桶、酒具等展示青岛深厚的葡萄酒文化。走进博物馆的木桶窖藏区，每个人都会被这里一尊尊巨大的橡木酒桶所震撼，而品酒区更是可以品尝来自世界各地的葡萄酒。此外，在博物馆里还有葡萄酒银行，能进行葡萄酒的投资和交易。

✉ 山东省青岛市市北区延安一路68号　🚍 乘3、15、219、220、302、306、604路公共汽车在动物园站下　¥ 50元

大赏
青岛

青岛

攻略HOW及周边

青岛
奥林匹克帆船中心

　　青岛奥帆中心是从一处船厂改建而成的北京奥运会分会场。在奥运会期间这里曾经举办了很多场精彩激烈的水上项目比赛，无数奥运健儿挥洒汗水奋力争夺金牌。目前这里还保留着很多奥运会时候的设施，包括两个防波堤、突堤码头和奥运纪念墙码头等，同时在奥帆中心还开辟有奥林匹克专卖店，专门出售各种奥运会指定商品。

奥林匹克帆船中心 特别看点！

第1名！
奥林匹克帆船中心！
100分！

★北京奥运会的水上项目比赛地，帆船之都的标志！

第2名！
五四广场！
90分！

★青岛的城市广场，青岛最重要的广场！

第3名！
香港中路！
75分！

★多功能商业街，繁华热闹的现代都市商圈！

---

① 奥林匹克帆船中心 (100分！) 赏

北京奥运会的水上项目比赛地 ★★★★★

青岛奥林匹克帆船中心是北京奥运会水上项目的比赛场地，在奥运会和残奥会期间曾经进行了多场比赛，无数奥运健儿在此挥洒汗水，挑战极限，争夺至高无上的荣誉。整个中心占地面积约45公顷，有奥运村、运动员中心、行政管理中心等场馆，另外还有测量大厅、陆域停船区等奥运纪念墙等配套设施。来到青岛奥林匹克帆船中心既能看到国内外的高水平赛事，又能在奥林匹克公园休闲游览，以及购买一些纪念品。

✉山东省青岛市市南区增城路　🚌乘210、231路公共汽车在奥帆基地站下
📞0532-88761866

2 奥帆中心海上剧场
充满梦幻色彩的海滨剧场 ★★★★★ 娱

山东省青岛市市南区澳门路121号甲
乘210、224、231、317路公共汽车
在奥帆基地站下 0532-66568666

　　奥帆中心海上剧场是青岛最具魅力的表演中心，其三面环海，风景极佳，能给人以心旷神怡的感受。整个海上剧场仿照"浪花"与"风帆"相结合的设计理念，大量运用优美时尚的线条造型，与岛城标志性建筑"五月的风"遥相呼应，充分展示了青岛海洋之城、帆船之都的地域特色。奥帆中心海上剧场可以举行各种文艺表演和颁奖庆典等活动，其中最具吸引力的，莫过于运用高科技手段展示的"梦幻海底神奇"，能让观众感受到大海的壮美、深邃与神秘。

3 麦凯乐购物中心
大型购物中心 ★★★★★ 买

　　麦凯乐购物中心是青岛最好的购物中心之一，是一个集购物、餐饮、影院、娱乐等众多时尚元素于一体的地标式大型商场，

山东省青岛市市南区香港中路69号
乘31环线、33、104、110(仰口线)、125、208路公共汽车在辛家庄站下

整个商场布局匠心独到，购物环境良好，拥有众多国际知名品牌的专营店，堪称当地市民的购物天堂。此外，麦凯乐购物中心的八楼还有一家五星级影院，更有别具特色的观山看海的空中花园。商场中入驻的各家餐厅与快餐店内颇具特色的美食也深受人们欢迎，是假日逛街、休闲购物的好去处。

4 奥帆博物馆

介绍奥运会水上项目历史的展馆

★★★★ 赏

📧 山东省青岛市市南区新会路
📞 0532-66562015　🚌 乘210、231、402路在奥帆基地站下　💴 30元

　　奥帆博物馆是青岛最好的主题展馆之一，造型独特，外侧的大厅通过13根钢构排架按照一定的规律旋转组合出扇面一样的空间体系，犹如相机将帆旋转的瞬间一帧一帧地记录下来，是建筑艺术的杰作。馆中陈列着大量奥运会文化遗产，包括中国奥运冠军殷剑参加2008年奥运会帆船比赛所驾驶的帆板，北京奥运会开幕式所用的道具缶、竹简及服装等。奥帆博物馆还拥有先进的全海景式奥帆赛场立体沙盘、青少年帆船教室、360度环幕影厅等互动娱乐设施。

5 五四广场 90分！

青岛的城市广场

★ ★ ★ ★ ★ 逛

位于青岛市中心的五四广场总占地面积10公顷，是岛城最重要的广场，也是"五四运动"的发源地之一。广场上的建筑景观众多，中轴线上的市政府办公大楼、隐式喷泉、点阵喷泉都各具特色，令人不得不赞叹设计者的巧妙构思。"五月的风"雕塑是广场上的核心景观，高30米，直径27米，将"风"的身姿呈现在游人面前，体现了中华民族蓬勃向上的生机和活力。附近的百米喷泉则从海中抽水，然后喷至高空，十分壮观。

✉ 山东省青岛市浮山湾海滨 🚌 乘317、601路公共汽车在五四广场站下

6 中国水准零点景区银海国际游艇俱乐部

游艇俱乐部

★★★★ 赏

　　银海国际游艇俱乐部是我国第一个以游艇俱乐部为主题的风景区，设有366个专业游艇泊位，并安装有国际先进的码头设备，同时还有帆船训练基地、高级公寓、星级酒店、会展中心俱乐部会所等配套设施。人们可以乘坐各种型号的游艇、观光艇等出海，亲身来到海里体验大海的神奇魅力。也可以驾驶这里的风帆到海里去弄潮冲浪，和大自然搏击。此外，景区内还有全国唯一的中华人民共和国水准零点标志，世界上最大的海星外形的钢雕、海螺外形的灯塔、世界上第一座建在海上可液压机械开合的彩虹桥等景观。

✉ 山东省青岛市市南区东海中路30号　🚌 乘225、231、232、317路公共汽车在银海游艇俱乐部站下
📞 0532-85885222　¥ 30元

7 鲁邦音乐广场

青岛的音乐广场 ★★★★ 赏

鲁邦音乐广场是青岛最具特色的城市广场，以音乐为主题，在广场上到处都是与音乐有关的设施和景点，既能培养人们的艺术细胞，也能让喜爱艺术的人们有一个交流的场所。鲁邦音乐广场上最显眼的标志当数位于广场中央的大型钢琴模型，它还可以演奏出美妙的音乐。广场上竖立着贝多芬、聂耳、冼星海等著名音乐家的雕塑，这些雕塑造型精致，人物动作舒展，表情丰富，栩栩如生，而那些抽象造型的雕塑，则有着极强的艺术感染力。

✉ 山东省青岛市浮山湾海滨 🚌 乘317路公共汽车在延安三路站下

8 海信广场

青岛的黄金地段　★★★★★　买

　　海信广场所在的街区因奥运会而兴起繁荣，是目前青岛顶级的黄金地段，该广场更成为青岛最为繁华的购物商场之一。海信广场包括地上三层和地下两层，聚集了包括LV、Hermès、Prada、Gucci等800多个世界著名品牌，囊括男女高级时装、化妆品、鞋包配饰等众多种类。其中一楼主要以各种名表、化妆品、世界名牌奢侈品等为主；二楼会聚了来自天南地北的男装、休闲高尔夫服饰、珠宝饰品等；三楼则是女士服饰、时尚配饰、皮具的天下，还有海信艺术馆、会员会所等。

✉ 山东省青岛市市南区澳门路117号 🚌 乘231、317路公共汽车在福州路南站下 📞 0532-66788888

9 香港中路 75分!

多功能商业街

★★★★★ 逛

香港中路位于东部的高新科技园区内，虽然地势稍显偏僻，却是青岛唯一——条集金融、政治、文化、商业等多种元素于一体的商业街。在香港中路不到3公里长的路程里，鳞次栉比地排列着50多座写字楼、大型购物商场、知名大酒店等，在这些写字楼中的办公单位都是来自世界各地的金融机构，还有境外知名银行在这里设立的办事处。

✉山东省青岛市市南区香港中路 🚌乘12、228、314、363路公共汽车在香港中路站下

10 佳世客购物中心

青岛的大型商城

★★★★ 买

✉ 山东省青岛市市南区香港中路72号 🚌乘210、231环线公共汽车在奥帆基地站下
📞0532-85719600

佳世客购物中心是青岛新兴的大型商业中心，它的营业历史虽然不长，但在当地有着很好的信誉和口碑。佳世客购物中心内购物环境宽敞舒适，内部装饰设计高贵典雅，汇集了众多知名品牌，各类高级饰物、手表皮具、化妆品等精品荟萃一堂。佳世客购物中心以3个自营店为核心，分别是1楼的衣料GMS和食品SM，以及2楼的家庭用品GMS。

❀ 佳世客步行街

位于地下的购物街

佳世客步行街位于香港中路的地下通道内，交通便利，店铺众多，是青岛市民逛街购物的最佳去处之一。佳世客步行街内还有大量深受年轻人欢迎的小店，发卡、链坠、戒指、胸针等各式各样精巧别致的饰品深受年轻人追捧，是青岛学生一族和追求时尚的年轻人周末淘宝血拼的绝佳去处。

11 百丽广场

青岛的热门商圈 ★★★★ 买

✉ 山东省青岛市市南区澳门路86号 🚌 乘231、317路公共汽车在福州路南站下

　　百丽广场是青岛新兴的商业街区之一，并与海信广场、佳世客等大型商业中心连通，成为国内档次最高的前海商业圈。百丽广场的总建筑面积超过20万平方米，分为地下三层、地上三层。地上部分以60米宽的奥林匹克大道为主轴线分为东地、西地两大区域。其中东地块为商业购物中心，规划为百货、超市、电影院、溜冰场、精品商铺、美食街、餐饮等。西地块地上规划为特色酒吧、餐饮、精品商铺等。百丽广场是青岛第一家采用国际时尚商业模式的商业广场，各种业态互为支撑，人们在这里都充分享受吃、喝、玩、乐、购、游、住的一站式购物乐趣。

12 阳光百货

青岛知名的百货商店 ★★★★ 买

　　阳光百货是青岛知名的百货商店，汇集了众多国内外知名品牌，吸引了青岛市内追求时尚新颖的摩登一族的目光。大楼的B1层分为超市区和美食区；一楼则是出售化妆品、金银珠宝的地方；二楼为女装区；三楼则是男装和男士用品区。商场内以追求时尚生活品质的白领阶层为主要客户群体，通过舒适的购物环境倾尽心思创造出最有人文内涵的消费天堂，将时尚与动感并轨演绎，国际品牌、时尚潮流和优越人文结合在一起。

✉ 山东省青岛市市南区香港中路38号 🚌 乘12、26、104、110、125、224、225、228、231、232路公共汽车在浮山所站下

13 青岛饭店

老字号饭店　★★★★　住

　　青岛饭店营业于民国时期，后历经波折于2004年8月在新址上重新开业。饭店位于青岛的黄金商业地段，紧邻奥帆中心，与五四广场、市委、市政府、国际金融中心、写字楼、家乐福、佳世客等诸多名景咫尺之遥，而且从这里前往海边，只需要步行五分钟。饭店楼高14层，餐饮、住宿、娱乐设施齐备，各类客房应有尽有，无论酒宴、开会还是团体聚餐，这里都可以满足。

📮山东省青岛市市南区香港中路66号　🚌乘31、225、321、374、501路公共汽车在浮山所站下　📞0532-85781888

14 渔码头

青岛知名的老字号饭店　★★★★　吃

📮山东省青岛市市南区云霄路24号　🚌乘12、26、33、104、110、232、601路公共汽车在浮山所站下　📞0532-85779999

　　渔码头海鲜舫是青岛知名的老字号饭店，多年来一直稳步发展，在青岛本地人中颇有口碑。青岛是一座海滨城市，海鲜资源丰富，渔码头的海鲜以新鲜为主，各种鱼虾种类繁多，做法也多种多样，让人百吃不厌。不过这儿可不只是海鲜好吃，其他的菜也都很美味。招牌菜首推风干鸡，样子貌似烤鸡，原料选的都是沂蒙生态散养鸡，制作过程十分烦琐，光腌渍就需要18种中草药，腌好后再风干和香熏，吃到嘴里又香又酥，回味无穷。而码头小捆肉则是口味比较重的客人的最爱，肉用的是夹层五花肉，再捆扎上东北的干豆角，香而不腻，非常好吃。

15 三合园水饺

价格便宜量又足的饺子馆 ★★★★ 吃

山东省青岛市市南区闽江路16号 乘 25、26、104、110、225、228、502路公共汽车在市政府站下 ☎0532-85812819

水饺是青岛人常吃的一种面食，说起吃水饺，人们都愿意去三合园水饺这家连锁水饺店。三合园水饺原名丁记饺子馆，是创办人丁先生和两位结义兄弟一起创立的，故名三合园。作为一家有着近80年历史的老字号，三合园一直都秉承着"优质的菜品、良好的环境、热情的服务、干净的卫生"这一宗旨，制作的水饺价钱便宜量又足，成为人们吃饺子的首选地。这儿的饺子主要是胶东风味的，比如有著名的鲅鱼水饺，每年五六月间正是鲅鱼大量上市的时候，店家选取最新鲜的鲅鱼，将鱼肉入馅，包成饺子。鲅鱼馅的饺子味道极鲜，即使是外地人也赞不绝口，当地人更是隔三差五就要去吃一次。

16 三宝粥店

好吃养胃的粥 ★★★★ 吃

三宝粥店是一家专门经营各种粥品的店家，这里的粥用料讲究，味道很有青岛本地特色，价钱也适中，适合每一个人。店里的粥都是用好米精心熬制而成，还加入了各种调味料和配料，尤其是里面加上了不少对人体健康很有益的中药材，在喝粥的同时还能对自己的胃进行养护，可谓一举两得。而且粥的口味和种类非常多，不管吃多少次都不会吃腻。除了粥以外，这家店里还提供各种寻常小吃，包括韭菜盒子等，味道都很不错，和粥一起吃再好不过了。值得一提的是，这家店是24小时通宵营业的，不管什么时候，只要想起这里的粥来，都可以过来吃，十分方便。

山东省青岛市市南区闽江路158号丙 ☎0532-85770119

17 闽江路商业街

广受好评的美食街 ★★★★ 逛

闽江路商业街被誉为青岛最好的美食街，位于青岛奥帆中心和五四广场北侧，周围有佳世客、家乐福等著名的大型购物中心。无论什么时候来到这里，都能见到这儿人潮涌动，摩肩接踵。街上的饭店众多，会聚了五湖四海的美味，有正宗的以海鲜为主的鲁菜，也有我国各地的其他菜式；有来自日本、韩国等国家的特色菜肴，也有麦当劳、肯德基等美式快餐，其种类丰富多样可以满足任何一个来客的需求。

山东省青岛市市南区闽江路 乘12、228、314、363路公共汽车在福州南路站下

青岛

攻略 HOW

及周边

青岛
石老人观光园

　　石老人观光园是一座集观光、实践、休闲、娱乐等功能于一体的观光园，其中以农业观光园最受人们青睐。园内拥有茶园、农业园、植物园等设施，游客们可以亲手采摘成熟的新鲜蔬果，还可以参观茶叶的采摘和炒制过程。此外，在这里还有一座韩中文化馆，专门向人们介绍韩国的民俗风情，也是游人参观的焦点之一。

石老人观光园 特别看点!

第1名!
石老人观光园!
100分!

★ 生态旅游景区，休闲度假好去！

第2名!
青岛国际啤酒城!
90分!

★ 亚洲最大的国际啤酒城，青岛啤酒节的主会场！

第3名!
青岛市博物馆!
75分!

★ 介绍青岛的悠久历史，青岛最大规模的博物馆！

---

1 ## 石老人海水浴场

青岛面积最大的海水浴场　★★★★★　玩

石老人海水浴场是青岛占地面积最大的海水浴场，海中有一块巨石，高达17米，形似一位观海的老人，石老人的名字由此而来。石老人海水浴场水清沙细，滩平坡缓，中间还有滨海步行道贯穿始终，串联起了度假海滩、欢庆海滩、运动海滩、高级会员海滩4个主要部分，成为集度假、观光旅游、海上运动、沙滩运动、休闲娱乐为一体的综合性旅游度假海滩。在石老人海水浴场可以看到三三两两的人群或坐或卧，在海滩上享受明媚的阳光。而那些喜欢冲浪的人们则会下水，伴随着潮起潮落尽情嬉戏。

✉ 山东省青岛市崂山区崂山路
🚌 乘317路、都市观光1线公共汽车在石老人浴场站下

石老人观光园

生态旅游景区

100分!

★★★★★ 玩

山东省青岛市崂山区崂山路1号
乘104、301、304、380、612
路公共汽车在石老人观光园站下
0532-88890758　￥30元

　　石老人观光园位于青岛市郊，占地面积80多平方米，集现代农业、生态旅游观光、休闲度假等功能为一体。石老人观光园拥有多个功能区域，人们可以在农艺园里进行农业活动，并在收获的季节采摘自己的劳动果实。在茶园里则可以参与采茶、炒茶等工序，也可以直接购买成品，是爱茶人士不可错过的。此外，石老人观光园还有大树祖、农珍棚、花溪、青茶海、逍遥谷、隐逸山庄、天街、悬栈、茶神居等景点可供参观，特色木屋则是游人住宿的好地方。

3 # 极地海洋世界

大型海洋公园

★★★★★ **玩**

✉ 山东省青岛市崂山区东海东路60号　🚍 乘11、102、317路公共汽车在极地海洋世界站下　📞 0532-80999777　¥ 旺季（4月29日~10月31日）：180元，淡季（11月1日~次年4月28日）：150元

　　极地海洋世界集旅游观光、娱乐休闲等多功能于一体，是青岛地区最大的主题公园之一。极地海洋世界的造型酷似一艘扬帆远航的巨轮，气势十分雄伟，内部则分为36个展馆，可同时容纳2800人参观游览。

　　极地海洋动物馆是海洋世界内最大的展馆，那里生活着白鲸、海象、海狮、海豹、北极海獭、北极熊、企鹅、北极狼等珍稀的极地动物，还可以欣赏它们的精彩表演。此外，这里还有雪城堡儿童游乐区、极地村剧场、海洋动物互动科普区、海底隧道街等游乐设施。

4 青岛市博物馆 (75分!)

介绍青岛的悠久历史

★★★★★ 赏

青岛市博物馆是青岛最大的综合性博物馆，其建筑造型庄重典雅，流畅的圆廊结构、蔚蓝色的屋面设计以及与之呼应的广场喷泉、绿色草坪一起构成了一幅华美画卷。博物馆内的展品达5万件以上，仅珍稀的国家一级文物就有150件，元、明、清以来著名的书画传世品有4000多件。

博物馆内还有以青岛近代历史为主题的展览，通过各种史料、图片、实物等将青岛近代被外国侵略者争夺、殖民的历史一一展现出来，并从另一个侧面展示出青岛的发展历程。

📧山东省青岛市崂山区梅岭路27号 🚌乘230、321路公共汽车在青岛博物馆站下 📞0532-88897227 ¥免费

5 青岛国际啤酒城 (90分!)

亚洲最大的国际啤酒城

★★★★★ 娱

📧山东省青岛市崂山区香港东路 🚌乘102、110、125、311、313、382路公共汽车在啤酒城站下 📞0532-88890241

青岛国际啤酒城是亚洲最大的啤酒城，集旅游、观光、休闲、餐饮等多功能于一体。走进啤酒城，迎面而来的就是一座大型的高脚酒杯，杯身上雕刻着世界地图的图案，还有啤酒泡沫不断从杯中涌出，水池后面有一半月形石壁，上书"国际啤酒城"五个大字，每到夜间，石壁会被各种彩灯照射出五彩斑斓的图案。

啤酒城内部分为南、北两个区域，南区为娱乐区，是青岛国际啤酒节的主会场，游人们可以在此痛饮来自世界各地的啤酒，欣赏丰富多彩的文艺表演活动。

6 青岛国际会展中心

青岛最大的综合性展馆

★★★★ 赏

　　青岛国际会展中心是我国最大的会展中心之一，它濒临大海，四周环境优美，内部设施完善，是举办国际展览、国际会议的理想场所。会展中心室内展览面积5万平方米，可以设置3000个国际标准展位，室外展览面积达8万平方米。水晶厅是会展中心最为漂亮的大厅，其顶部有一个巨大的玻璃穹顶，如同闪耀着光芒的水晶一般。此外，这里还拥有快餐厅和中高档餐厅，可为来宾提供中西式快餐、大型自助餐等多档次餐饮服务。

✉ 山东省青岛市崂山区苗岭路高新区世纪广场　🚌 乘110、230、311、375、380路公共汽车在国际会展中心站下
📞 0532-88976216

7 海尔工业园

海尔总部

★★★★ 逛

海尔工业园是海尔集团总部所在地，也是我国著名的工业旅游景点之一，集历史、文化及高科技于一体，与美丽的海尔园交相辉映，以展示未来社会生活为主题，成为青岛独特的文化科技旅游景观。

漫步在工业园中能看到宏伟壮观的总部中心大楼、展示现代化大工业魄力的雄壮厂房、繁忙有序的工作气氛，让每一个来参观的客人感受到这里的企业文化。工业园内林木葱茏，如意湖碧波荡漾，文化广场的喷泉和花园，使人如置身园林一般。

✉ 山东省青岛市崂山区高科园海尔路1号 🚍 乘102、114、216、230、312、313、375、606路公共汽车在黑龙江路（海尔工业园）站下 ¥ 80元

8 海尔科技馆

高新科技展馆

★★★★ 赏

海尔科技馆是我国少见的企业科技馆，声名虽然不显，却是科技展馆中的佼佼者。科技馆内共分为3大展区，12个展厅，25个展览项目。

海尔动感电影是科技馆内最刺激的部分，拥有60平方米超大屏幕、6声道环绕立体声系统，能让观影者体会到身临其境的感觉。未来世界是展示各种新兴科技的地方，许多在以前科幻小说中才能出现的场景，已经成为现实，那些形态功能各不相同的机器人，让参观者不得不赞叹设计者的天才构思。

🏠 山东省青岛市崂山区梅岭路10号
🚌 乘110、230、311、375、380、606路公共汽车在会展中心站下 💰10元

9 青岛雕塑艺术馆

青岛最好的主题艺术展馆

★★★★ 赏

青岛雕塑艺术馆是青岛最好的艺术展馆之一，由室内雕塑艺术馆和室外雕塑公园两部分组成，其中室内3800余平方米，以收藏近现代中外雕塑精品为主；园区则以国内外优秀室外雕塑艺术品陈列其中，其功能主要展示20世纪中国近现代雕塑家代表作品和成名作。

室外雕塑公园濒临大海，附近林木葱茏，许多雕塑都掩映在枝叶之间，还有休息广场、林荫道等附属设施。艺术馆内的雕塑很多都是著名艺术家的精心之作，能给参观者以美的享受。

🏠 山东省青岛市崂山区东海东路 🚌 乘102、104、110、125、301、304、311、317海青路、海龙路站可到
📞 0532-88011011 💰10元

10 海螺姑娘灯塔

海滨明珠

★★★★ 赏

　　海螺姑娘灯塔是青岛沿海的观景灯塔，既为附近渔民提供指引，又是一个著名的旅游景点。灯塔高28米，由钢材构成骨架，其间镶嵌着无数片色彩鲜艳的不规则形状玻璃，组成一幅幅抽象图案，并在阳光的照射下更显出妖娆的身姿。高塔的塔身如同海螺一般逐层收缩，内部还有民间传说中海螺姑娘的塑像。每到夜幕降临，灯光就会亮起，在深邃的夜空与平静的海面上渲染出华美的色彩，宛如一颗光彩夺目的明珠。

✉ 山东省青岛市市南区东海中路　🚌 乘225、231、232、317路公共汽车在银海游艇俱乐部站下

11 青岛钻石博物馆

青岛最为光彩夺目的展馆

★★★★ 赏

　　钻石以其完美的光泽和超高的透明度获得了无数人的青睐，拥有摄人心魄的魅力。青岛钻石博物馆为我国第一家钻石博物馆，是全面介绍这种宝石之王非凡之处的展馆。博物馆中陈列着大量闪烁着耀眼光芒的宝石，它们之中既有未经打磨的钻石原石，还有趋于完美的成品，部分钻石还有丰富多彩的颜色，尤为珍贵。博物馆里还有丰富的资料，介绍世界各国钻石的开采、加工历史。

✉ 山东省青岛市崂山区李山东路6号　🚌 乘314、375、606、619路公共汽车在银川东路站下可到　💰 4.5元

大赏
青岛

青岛

攻略
HOW

及周边

青岛 **崂山**

　　崂山是青岛著名的自然景观，其主峰高达1133米，是我国海岸线上的最高峰。山上林木葱郁，山间有巨峰、太清宫、华严寺、狮子峰、九水十八潭、华楼峰等诸多景点。登临峰顶的游人不仅可以俯瞰优美的山林景观，还能遥望波澜壮阔的大海。

崂山 特别看点！

第1名！
崂山！

100分！

★ 青岛第一名山，海上仙山！

第2名！
仰口海水浴场！

90分！

★ 景色优美的海水浴场，青岛的新兴名景之一！

第3名！
百利酒庄！

75分！

★ 我国最早的一座纯欧式风格酒庄！

---

1 崂山

100分！

青岛第一名山 ★★★★★ 赏

　　崂山不仅是青岛最著名的自然景观，还是胶东半岛第一名山，它位于黄海之滨，由巨峰、流清、太清、北九水、仰口等9个游览区组成，各种景点220多处。其主峰巨峰海拔1133米，是我国海岸线第一高峰，有着海上"第一名山"之称。

　　崂山景色优美，山中空翠四合，峰

🏠 山东省青岛市崂山区　🚌 乘104、113、304、802路公共汽车在大河东站下

📞 0532-88899000　¥ 160元（通票）

峦、小溪掩映于繁茂苍翠的林木之中，不时出现的道观亭阁有着古朴典雅的风格，与山林岩泉融为一体，透出道家崇尚朴素自然的风格。崂山上既有太清宫、上清宫等人文景点，又有明霞洞、狮子峰、九水十八潭等自然景观。

❀ 华严寺

崂山第一名寺

　　崂山是我国道教名山，而始建于明崇祯年间的华严寺则是山上少见的古寺，由于明末战乱的缘故，该寺直到清顺治九年（1652年）才正式落成，迄今已有400多年的历史。古寺依山而建，众多殿堂掩映在葱茏的林木之中。气势雄伟的大雄宝殿是华严寺内最大的建筑，造型典雅大方，采用斗拱单檐雕甍歇山式建筑的方式，里面供奉着如来佛祖。此外，该寺的藏经阁建于山门之上，建筑庄严肃穆，集中体现了明代建筑的艺术风格。阁内藏有众多文物古籍，其中以元人手抄本《册府元龟》最为珍贵。

❀ 明霞洞

崂山名胜之一

　　明霞洞是崂山的名胜之一，既有优美的自然景观，又有流传着佳话逸事的人文景致。洞门上的"明霞洞"三个大字，为宋代传奇道士丘处机所题，是道教全真派分支金山派祖庭。明霞洞在清代时曾惨遭雷击，主洞半陷于地下，诸多景观毁于一旦，洞外的殿堂是在新中国成立后才恢复了曾经的壮观景象。此外，明霞洞还是崂山缆车的终点站，有多条道路通向各景点，是山中的交通中心之一。

🌸 狮子峰

造型奇特的山峰

狮子峰外形酷似一只正在仰天长啸的雄狮，上下颚间岩石在风雨的侵蚀下，形成了参差不齐的牙齿状，更为这座山峰增添了奇异的色彩。狮子峰还是欣赏日出美景的最佳地点，朝阳冉冉升起的样子壮丽异常。狮子峰靠近海岸，因此又是纵览海滨风情的好地方，奔腾不息的波浪与此起彼伏的松涛相互呼应，令观者惊叹不已。

🌸 上清宫

位于幽静山谷中的道观

上清宫始建于宋代，迄今已有800多年的历史，现在的殿堂是由元代道士李志明重建，之后屡有修葺，已经成为崂山的名景之一。道观四周环境清幽，一座座殿堂都掩映于葱茏的林木中，前院门内东西各植古银杏一棵，高大挺拔，枝叶繁茂，是为崂山银杏之冠。气势雄伟的正殿是道观的核心景点，飞檐翘角处极为精美，里面祭祀的是玉皇大帝，配殿里供奉的则是全真七子塑像。此外，正殿院中植有一株高约3米的白牡丹，每逢春天，白花似玉，清香四溢，满院生辉，相传是蒲松龄所著《聊斋志异》中的花仙"香玉"的原型。

❀ 那罗延窟

佛教石窟

那罗延窟是一个天然石洞，相传是那罗延佛修行的地方，当他修炼成功后，就运用自己的法力，打开了一个圆形洞口，直接飞升而去。洞窟内四周石壁极为光滑，地面也十分平整，如同打磨过一般，顶部有一个圆形的洞口，阳光可以直接射入洞内，并在反光的作用下让石洞内显得十分明亮，是为崂山十二景之一的"那罗佛窟"。石窟内墙壁上有一块佛龛造型的石块，它是天然形成的，在古时被称为神迹。

❀ 巨峰

崂山主峰

巨峰是崂山的主峰，海拔1133米，是我国海岸线上唯一一座高度超过千米的山峰，并以此处为中心向外延伸出了4条大支脉，组成了巍峨壮丽的山峦风光。巨峰的顶部是一处陡峭的石崖，远远看去，仿佛是一座雄壮的古城，游人可以在山顶的望楼上远眺俯瞰，把如诗如画的山河美景尽收眼底。夏季可以在此纵览"云海奇观"、"崂山火球"的壮美气势；冬季还能观赏到"银峰晶挂"的华美景象。

华楼峰

人文景观众多的景区

　　华楼峰三面环山，一面临水，山上山下林木茂密，空气清新，是修身养性、回归大自然的好地方。漫步在景区内可以看到一座座魅力非凡的山峰和遍布其上的嶙峋怪石。华楼峰凌空立石，远远望去好像一块华表，因此被称为"华楼叠石"，是崂山十二景之一。来到华楼景区，既可以前往法海寺、下书院等古建筑处，感受历史的厚重，又能登高望远，纵览天地间的壮丽风光。

九水十八潭

秀美的山水景观

　　九水十八潭是山林中难得的水色景观，被文学家郁达夫赞美为"十里清溪千尺瀑，果然风景似江南"。九水十八潭位于崂山的山谷之内，抬头可以看见连绵起伏的崂山山脉，其雄伟的身姿令人赞叹不已；茫茫的林海和色彩纷呈的花朵则给峡谷带来优美的气息。九水十八潭要等待大雨之后才能将自己的华美面貌展现在游人面前，因为湿润的水雾能给景区渲染出无限生机与活力。

❀ 太平宫

崂山上的古道观

依山望海的太平宫是宋太祖为华盖真人刘若拙所建的道场，四周环境清幽，林木茂密，还有奇峰异石和水潭幽洞点缀其间。太平宫已经度过了近千年的风雨历程，历代也多有修葺，但仍保持着宋代的建筑风格。太平宫的殿堂气势雄伟，里面供奉着众多道教神灵，观后的犹龙洞别开生面，是罕见的自然奇景。

❀ 太清宫

历史悠久的道观

崂山是道教名山，并以太清宫作为祖庭，其建造年代可以追溯到汉武帝建元元年（前140年），迄今已有2100多年的历史，是我国历史最悠久的建筑物之一。太清宫虽然历经风雨的洗礼，但仍保持着雄伟的气势，现在游人看到的殿堂主要以宋代风格建筑为主。三官殿是太清宫中规模最大的建筑；三清殿是供奉三清神的地方，殿内的神像精美；三皇殿外竖立着两棵高大的汉代古柏。此外，观内还有一座关岳祠，里面供奉着武圣关羽和岳飞。

② 百利酒庄 75分!

欧式风格的葡萄酒庄

★★★★★ 赏

　　百利酒庄创建于1985年，是中国最早的一座纯欧式风格酒庄，还是青岛著名的工业旅游景点。酒庄外空地上竖立着许多造型精美的塑像。文化长廊是酒庄的名景，长达2000余米，每到夏季廊顶就会布满纵横交错的葡萄藤，漫步其间，可以一一朗读廊柱上篆刻的历代文人墨客关于酒的著名诗句，还能欣赏当代著名书法家留下的墨宝。来到酒庄内可以看到一行行排列整齐的橡木酒桶，游人还可以品尝口感上佳的葡萄酒。

✉ 山东省青岛市崂山区崂山九龙坡
🚌 384路公共汽车在南龙口站下
¥ 30元

🌸 九龙坡

种满葡萄的山坡

　　九龙坡是一座景色秀美的山坡，坡上生长着一望无际的葡萄藤。不过这里最引人注目的景观是那些造型典雅的欧式建筑，它们大都是新古典主义风格的别墅。漫步在山坡上，还可以前往酒庄中进行参观，喜欢饮酒的游客还能品尝到味道正宗、口感上佳的葡萄酒。此外，游人还可以在工作人员的带领下进行采摘活动。

3 仰口海水浴场 90分!

景色优美的海水浴场

★★★★★ 玩

　　仰口海水浴场是青岛的新兴名景之一，因游人相对较少，所以生态环境保持得很好，沙滩柔软，海水清澈，是人们进行各种海中活动和沙滩运动的好去处。仰口海水浴场的沙滩起伏不平，每当涨潮的时候会形成小小的内潟湖。游人们既可以在沙滩上漫步，欣赏美丽的海滨风光，又能尽情地在海中畅游，躺在柔软的沙滩上享受日光浴。岸边道路对面，是一座座造型典雅的欧式小楼，漫步其间的游客会有种置身于南欧小镇上的感觉。

📧 山东省青岛市崂山区212省道旁 🚌 乘371路公共汽车在仰口站下

4 雨林谷
青岛著名的主题乐园

★★★★ 赏

雨林谷是一个老少咸宜的主题公园，集旅游观光、休闲娱乐等多功能于一体。大型猛兽表演场为这里的核心景点，是狮、虎、黑熊等巨兽展示风采的地方。活泼顽皮的猴子们也是深受欢迎的演员，它们既会推车前进，还能踩着高跷嬉戏玩闹，当然也会时不时地罢工一下，那慵懒的神情令人忍俊不

禁。身材矫健的狼狗会督促着圆滚滚的香猪穿过火圈。漫步在空地的孔雀群不仅会展示华丽的尾羽，还会进行壮观的飞行表演。

山东省青岛市崂山区崂山路281号 乘104、113、301、304路公共汽车在雨林谷站下 0532-88812888 ¥30元

大赏
青岛

青岛

攻略HOW

及周边

青岛 青岛港

青岛港位于胶州湾内，有着水域宽深、四季通航的特点，是我国第二个吞吐量过亿吨的大港，拥有全国最大的集装箱码头和可停靠30万吨级超级巨轮的矿石码头，一旁停泊着万吨巨轮，这种壮观的景象，让人不得不赞叹现代工业文明的伟大力量。

青岛港 特别看点！

第1名！
海云庵！

100分！

★ 青岛唯一展开活动的宗教建筑，历史悠久的古刹！

第2名！
天幕城！

90分！

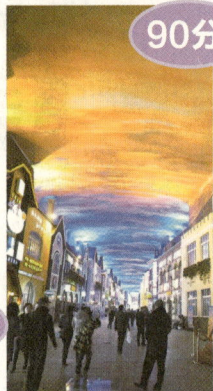

★ 青岛最具特色的商业步行街，浪漫迷人的商业街！

第3名！
青岛啤酒街！

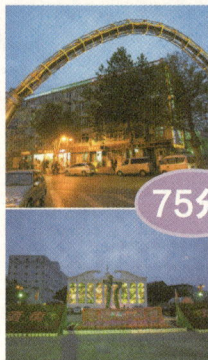

75分！

★ 我国知名的啤酒品牌，介绍青岛啤酒发展历史的地方！

---

1 大港火车站
青岛最早的火车站　★★★★ 赏

　　建于1899年的大港火车站是当时胶济铁路的起点站，后将主要功能转移到青岛站，并淡出了人们的视野，直到2011年才获得重生。大港火车站的主体建筑依然保持着原有风格，站房为砖石木结构，地上三层，还有阁楼和地下室，建筑总面积978平方米。大港火车站的正门酷似古时的城门，成为建筑中最为醒目的部分。在主楼的北面屋檐下，设有德制铸花式双面候车钟，楼内有木质旋转楼梯，红漆地板，门窗为拱形。

✉ 山东省青岛市市北区商河路

乘 乘8路公共汽车在大港站下

2 海云庵 (100分!)

青岛唯一展开活动的宗教建筑

★★★★★ 赏

✉ 山东省青岛市四方区兴隆路1号　乘 乘32、319、
378、602路公共汽车在四方站下　☎ 0532-83880252
¥ 2元

　　海云庵始建于明朝，迄今已有500余年的
历史，曾多次毁坏修缮，现在游人所看到的殿
堂大都是1991年重新修建的。寺庙占地面积不
大，只有一进院落，外侧是高大的围墙，内有
大殿、东西配殿、东西厢房和钟楼、鼓楼等建
筑。庵内大殿主要供奉观音菩萨，左右配殿分别供奉龙王、关公、比干、老君、鲁班等。海
云庵在每年的正月十六会举行盛大的庙会活动，四面八方的信徒前来赶庙进香，届时还有用
山楂、红枣、山药、橘子制作的各式糖球出售，它们味道香甜，形状各异，颇受人们青睐。

3 青岛港

我国著名的海港

★★★★ 赏

　　青岛港始建于1892年，有着优良的地理和水文条件，是太平洋西海岸重要的国际贸易口岸和海上运输枢纽之一。青岛港由大港、中港、黄岛港三个区域组成，形成了两大景区，百年老港区内的奋进雕塑、友谊园、奋进楼、跨越钟等景致令人过目难忘，而停泊在码头上万吨巨轮和一旁的大型机械设备更有着雄伟壮观的气势，青岛港史展览馆则是全面介绍港口发展历程的地方。新港区内有着热火朝天的繁忙景象，庞大的船队正在世界级的码头上装卸货物。

🏠 山东省青岛市北区新疆路6号 🚌 乘126路公共汽车在发电厂宿舍站下

4 泰山路烧烤街

青岛的小吃一条街 ★★★ 吃

✉ 山东省青岛市市北区泰山路　🚌 乘8、20、24、217、303路公共汽车在泰山路站下

泰山路烧烤街是青岛著名的小吃一条街，"吃烧烤，到泰山路烧烤街"，已经成为岛城市民的口头禅。泰山路虽然只有300多米长，但街道两侧云集了几十家烧烤店，炭烤电烤都有，大串小串俱全，还配有各种海鲜小吃和青岛啤酒，是人们休闲进餐的好地方。此外，泰山路上还开有驴肉馆、粥店等特色餐饮店。

5 美达尔烤肉

青岛的特色烤肉 ★★★★ 吃

✉ 山东省青岛市市北区泰山路22号　🚌 乘8、20、24、303路公共汽车在泰山路站下　📞 0532-83832808

美达尔烤肉是青岛知名商家，拥有40多家连锁店，各种烧烤美食风靡全国。这家饭店的饭菜种类众多，分为电烤、炭烤、微波烤、花式烤、面食、半成品六大系列。来到餐厅的游客能够品尝到由各种精选食材做成的佳肴，它们色香味俱全，令人胃口大开。在美达尔烤肉进餐的人们可以一边痛饮清爽的青岛啤酒，一边大快朵颐。饭店有很多广受好评的菜式，其中就包括烤肉、鸡翅、烤土豆等名菜。

6 中共青岛地方支部旧址纪念馆

青岛唯一的党史教育基地　　　　★★★★ 赏

中共青岛地方支部旧址纪念馆是纪念我党在青岛领导当地人民进行革命活动的展馆，由原状陈列和中共青岛历史展两部分组成。展馆恢复了20世纪20年代党支部在此时的陈设，还展出了邓恩铭、王尽美、刘少奇、李慰农等老一辈革命家的工作生活用品。纪念馆内还设有书刊资料展阅中心，那里是参观者阅读借阅各类党史专业书籍的地方。中共青岛地方支部旧址纪念馆还设有专门的主题展览，用详尽的资料和珍贵的图片介绍了中国共产党所创造的光辉历史。

📍 山东省青岛市四方区海岸路18号　🚌 乘32、319、378、602路公共汽车在四方站下　📞 0532-83773677

7 天幕城 90分！

青岛最具特色的商业步行街　　　　★★★★★ 逛

📧 山东省市北区辽宁路80号　🚌 乘2、217、218、222、301、320路公共汽车在天幕城、辽宁路站下

📞 0532-83807110

　　天幕城是青岛知名的商业街，除拥有传统的商业设施外，还将胶澳总督府、亨利王子饭店、青岛市民大礼堂、大港火车站等20多处具有代表性的青岛老建筑做成微缩景观，形成了一道独特的万国建筑风景线。天幕城还使用现代化的声光影像手段，将大自然中的蓝天白云移植到室内，让游客有种在露天漫步的感觉。天幕城内还有一道面积达800余平方米的水幕墙，其下方为400平方米水幕台阶，具有极强的视觉冲击力。

8 青岛啤酒街 （75分!）

我国知名的啤酒品牌

★★★★★ 逛

　　青岛啤酒街是原青岛啤酒厂的旧厂所在地，并经过大规模的改造，洋溢着浪漫的欧陆风情，两边的门店装饰也有着鲜明的特色。目前啤酒街上拥有多家经营与啤酒相关物品的商店，其中酒店、啤酒吧、饭店20余处，此外还有啤酒博物馆、啤酒宫等设施，将青岛丰富多彩的啤酒文化传播到各地。每年在这儿还会举行盛大的啤酒节，有快速喝啤酒比赛、啤酒浴等活动，是各方啤酒爱好者们齐聚一堂纵情狂欢的盛会。

✉山东省青岛市市北区登州路 🚌乘1、3、4、11、15、36、205、217、302、306、367路公共汽车在台东路站下 ¥青岛啤酒纪念馆（50元）

青岛啤酒博物馆

介绍青岛啤酒发展历史的地方

青岛啤酒博物馆是我国唯一一家啤酒博物馆，集文化历史、生产工艺流程、啤酒娱乐、购物、餐饮等多功能于一体。博物馆以原青岛啤酒厂的厂房为展馆，保留了过去使用的老设备。博物馆内共分为百年历史和文化、生产工艺、多功能区三部分，参观者在此可以了解到中国啤酒工业及青岛啤酒的发展历史。文化区域则是介绍青岛啤酒文化的地方，生产工艺流程区域则可以看到过去人们生产啤酒的流程，重现历史原貌，让人们更加深刻地了解青岛啤酒的不凡之处。

大赏青岛

青岛

攻略 HOW 及周边

青岛其他

青岛其他 特别看点！

第1名！
台东三路步行街！

100分！

★历史悠久的商业步行街，欣赏精美的壁画！

第2名！
开发区金沙滩、银沙滩海水浴场！

90分！

★金沙滩、银沙滩海水浴场有着"亚洲第一滩"的美誉！

第3名！
田横岛！

75分！

★忠义之士的最终归宿，风景优美的历史名岛！

---

1 台东三路步行街　(100分！)

历史悠久的商业步行街

★★★★★　逛

　　台东三路早在民国时期就是青岛热闹的商业街之一，后经过多年发展，已成为当地老牌的商业步行街。老商业街和居民楼混杂在一起，街两旁的建筑，三层以下是商铺，三层以上都是居民楼，既有小本经营的商铺，又不

山东省青岛市市北区台东三路　乘2、19、218、301路公共汽车在台东站下

乏像沃尔玛、麦当劳这样的国际知名商家。为了迎接奥运会的到来，旧居民楼的外墙上画上了精美的壁画，大都出自专业的艺术家之手，画风各异，各具特色。同时，街两侧的商家也因地制宜，借助这些壁画的吸引力来向游人出售商品。

❁ 壁画
精彩的艺术作品

台东三路步行街上遍布着众多老旧居民楼，为了美化市容，当地政府召集了各方艺术家，在这些居民楼的外墙上画上了各种精美的壁画，这些壁画画工精致，色彩绚烂，将原本显得十分破旧的街区一下子变得生机勃勃。如今这些壁画成为吸引各方游客的重要景点，人们即使不买东西，也要来看一下这儿的壁画。

2 利群商厦

青岛最早的百货商店

★★★★ 买

利群商厦是青岛最早的百货商店之一，其前身"德源泰百货店"，成立于20世纪20年代，而现在的这座大厦则是1994年修建的。商厦分为地下一层、地上七层，营业面积为2.6万平方米，共分为四个商场，经营范围涉及百货、服装、家电等方面。整个商场经营品种达5万余种，消费档次涵盖高档、中档，同时还兼顾低档商品，包括众多国内外知名品牌。利群商厦有着优越的购物环境和良好的服务，并多次获得国家级的荣誉，是青岛零售业当之无愧的头牌。

📧山东省青岛市市北区台东三路77号 🚌乘2、19、218、301路公共汽车在台东一路站下 ☎0532-83636868

3 吉云馄饨

青岛最著名的小吃店

★★★★ 吃

青岛的馄饨皮薄馅满，分量十足，是当地市民首选美食之一，而吉云馄饨则是青岛非常出名的馄饨连锁店，在岛城很多地方都开有分店，生意十分红火。这里的馄饨相当地道，汤鲜皮薄，肉馅都是自己特制，不光量多，而且味道也十分鲜美。一个个馄饨随着鲜美的汤汁进入嘴里，口感极佳，让人不由得大快朵颐一番。除了馄饨外，饭店的烤肉也是人们青睐的对象之一。

📧山东省青岛市市北区桑梓路9号 🚌乘1、3、4、11、15、19、28、36、302、367路公共汽车在台东站下

4 青岛锅贴
脆香味美的锅贴　　★★★★ 吃

✉ 山东省青岛市李沧区振华路136号
🚌 乘10、364路公共汽车在振华路站下 ☎0532-84651382

　　锅贴是青岛的传统美食，已逐渐成为当地人日常生活中不可缺少的一部分。青岛锅贴原名沧口锅贴铺，创始于20世纪中叶，是青岛的老牌小吃店，最早这里不过是一间小小的店铺，经过数十年的发展，如今已经位列青岛大中型饮食企业30强，多次获得各种荣誉称号，不光是在青岛声名震耳，还远播海内外。青岛锅贴在青岛市内有多家分店，所做出的锅贴外焦里嫩，鲜香可口，还分很多种的馅儿，适合各种口味的顾客。

5 明真观
青岛著名的宗教建筑　　★★★★ 赏

　　建于1925年的明真观是青岛著名的宗教建筑，虽然在抗战期间遭到毁坏，之后又多有修葺，游人现在看到的殿堂是2004年重建的。寺庙的占地面积广阔，四周环境清幽，位于最前方的是高大的山门殿，里面供奉的是韦驮和王灵官；前殿主殿为灵母殿，供奉灵山老母、阳

✉ 山东省青岛市李沧区振华路141号
🚌 乘10、364支路公共汽车在晓翁村站下

光娘娘和月光娘娘，东西配殿分别为送生殿和纯阳殿，供奉着送生娘娘、吕祖、关公等；后殿主殿为玉皇殿，供奉玉皇大帝和四大天王，配殿为三教殿，供奉释迦牟尼、孔子和老子。

6 清和路基督教堂

百年历史的教堂　★★★★★　赏

📧 山东省青岛市市北区清和路42号
🚌 乘2、104、217、218、222、232、301、320路公共汽车在台东（邮电局）站下

清和路基督教堂建于1900年，是德国柏林教会在青岛所建的第二座教堂，1940年时得到美国信义协会青年团国外布道会的捐助，将原址旧房拆除，改建为中国宫殿式的大礼拜堂。这座教堂的独特之处在于它的大礼堂采用了中国传统建筑风格，这在当时的中国是极为少见的。教堂的外墙为凝重的暗红色，渲染出庄严肃穆的色彩。飞檐翘角的歇山式屋顶上竖立着一座十字架，彰显出此处非同一般的特色。

7 万和春

青岛的著名小吃店　★★★★　吃

📧 山东省青岛市市北区台东八路66号 📞0532-83635626 🚌乘1、3、4、28、30、36、205、219、229、232、307、367路公共汽车在威海路站下

万和春是青岛的老字号饭店，自1941年创立以来，一直享有盛誉，并获得过多项国家级大奖。万和春饭店内的装饰典雅，给顾客以温馨舒适的感觉。饭店的招牌菜为排骨米饭，是精选上等原材料烹饪而成，色香味俱全，吃过之后，回味无穷，因此"吃排骨米饭，到万和春去"已经成为岛城人民经常提及的一句口头禅。此外，这里还有砂锅、海水豆腐等美食，能够满足不同口味的食客需要。

8 凤凰岛旅游度假区

青岛的古景之一　★★★★★　玩

凤凰岛自古以来就是青岛的名景之一，从空中俯瞰，景区就好像一只展翅高飞的凤凰，而位于它东南侧的竹岔岛就好像一颗熠熠生辉的明珠，成就了一幅"凤凰戏珠"的精美图画。景区内既有优美的自然风光，又有流传着佳话逸事的人文景致，分布着金沙滩、石雀滩、银沙滩、陈姑庙、鱼鸣嘴、连三岛、甘水湾、竹岔岛、阳武侯墓等各有特色的景观。除此之外，还有海景花园度假酒店、影视演艺中心、体育公园等设施可供游玩。

📧 山东省青岛市薛家岛街道办事处金沙滩 🚌在薛家岛泽润金融广场乘黄岛4、18路公共汽车在金沙滩站下 📞0532-86707399

9 贝雕艺术馆

贝雕艺术的展馆

★★★★ 赏

　　青岛地区盛产贝壳，并形成了独特的贝雕艺术文化，因此修建了这座专门陈列和介绍贝雕艺术品的博物馆。馆内展示着青岛贝雕历年来的获奖作品和各个时期不同风格的珍品佳作，并出售各种工艺品和旅游纪念品，具有很强的观赏性。博物馆的镇馆之宝当数大型立体摆件《龙凤宝瓶》，高1800毫米，最大直径700毫米。选材于我国民间传统的"龙凤呈祥"图案，特别精选珍稀螺壳十几种，使用各种手法精雕细琢而成，气势宏伟，晶莹剔透，令人过目难忘。

✉ 山东省青岛市市南区延安三路　乘 乘25、104、202、225、232、314路公共汽车在华严路站下
☎ 0532-83865181

10 八大峡公园

青岛著名的海滨景区

★★★★ 玩

✉ 山东省青岛市市南区西陵峡路
乘 乘217、305、325路公共汽车在巫峡路站下

　　八大峡位于青岛的市区之中，东起慰农公园，西至团岛，全长3000余米。公园的名字来自周围八条用我国著名峡谷命名的道路，并和市内"八大关"对应起来，十分有趣。景区内有形态各异的高层建筑、雕塑，如海上皇宫、海关大楼、海牛雕塑等，特别是新建成的八大峡广场，面积达6万余平方米，草坪四季常绿，景色优美。除此之外，在八大峡公园中还有两处游船码头，人们可以乘坐这里的游艇前往海上观光，还能享受到在大海上垂钓的乐趣。

11 开发区金沙滩、银沙滩海水浴场

90分！

亚洲第一滩

★★★★★ 玩

金沙滩、银沙滩海水浴场有着"亚洲第一滩"的美誉，以沙粒柔软、细腻著称，是进行冲浪、滑板等水上运动最好的地方。站在金沙滩上，能够看到闪烁着耀眼光芒的沙滩，远方则是海天一色的壮观景象，此情此景难以用语言形容。而银沙滩则距离金沙滩不远，和金沙滩并列为姊妹滩。银沙滩水质清澈，沙质细腻，为原生态天然优质海沙滩，尤其难得的是这里沙质细白如银，和金沙滩遥相呼应，十分美丽。

📧 山东省青岛市青岛开发区薛家岛 🚌 在薛家岛泽润金融广场乘黄岛4、18路公共汽车在金沙滩站下；在金沙滩乘808路公共汽车可达银沙滩 📞 0532-86707399

田横岛

75分!

忠义之士的最终归宿

★★★★★ 赏

　　田横岛为我国的历史名岛，在古代是忠义精神的象征，现在则是著名的旅游景点。小岛除了拥有众多历史文化景观外，还有着旖旎的海岛风光与丰富的海产资源，是温暖湿润的海洋性气候所造就的人间胜地。岛上南北两坡风格迥异，南坡岬湾相间，礁奇水秀，是垂钓的绝好去处；北坡湾深、港静，是游泳、帆船、摩托艇等海上运动项目的极佳场地。漫步在小岛上可以前往五百义士墓处，凭吊那些忠义之士，附近的神龟石、老仙洞、狮身人面石也都是岛上的著名景观。

📧山东省青岛市即墨市田横镇　🚌青岛市公路客运总站乘班车在即墨汽车站换乘公共汽车在田横镇下，之后在码头乘渡轮可到

13 薛家岛

风景优美的小岛 ★★★★★ 赏

薛家岛是青岛近海的名胜之一，以风景优美著称，还流传着优美动人的神话传说，分为山里景区、金沙滩景区、银沙滩景区及竹岔岛景区四大部分，其中最著名的当数因沙质金黄而得名的"金沙滩"，呈月牙形南北展开，滩平沙细，风小浪静，水色透明，堪称岛城第一。岛上除了拥有明初大将薛禄的墓地外，还有"黄庵日出"、"朝海古刹"、"上泉晓钟"、"渔嘴雪浪"、"石雀海鸣"、"凤凰戏珠"、"志门夕照"、"凤凰山色"八大景观可供欣赏。

✉ 山东省青岛市黄岛区　🚌 乘19路公共汽车在薛家岛轮渡站下

14 即墨小商品市场

山东最大的小商品市场之一

★★★★★ 逛

即墨是山东最大的小商品交易中心，各类小商品远销海内外，在世界范围内有口皆碑。即墨小商品市场是该城最热闹的小商品集散地，内有服装市场、小商品城、针织城、布匹及床上用品批发市场、木材装饰材料批发市场、农产品批发市场6大专业市场，还有6大农贸市场和即墨服装城、综合商场两座商厦。市场内的商家经营各式各样的商品，种类十分丰富，可以满足任何一个挑剔的客人。

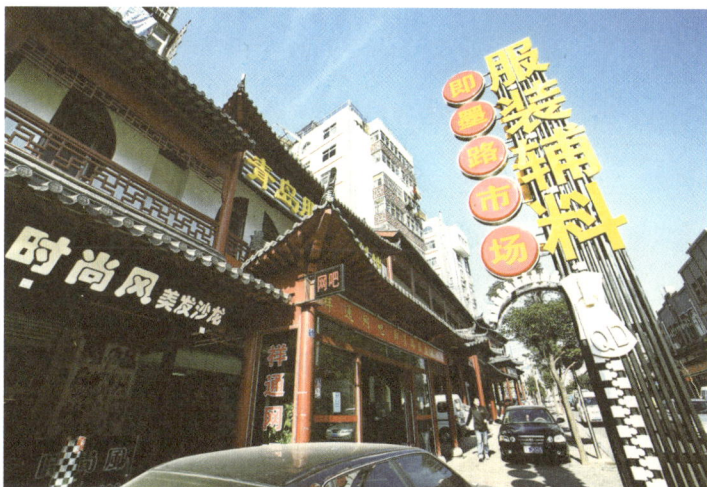

✉ 山东省青岛市即墨市鹤山路867号 ☏ 0532-88505666

15 灵山岛

青岛外海的高岛 ★★★★ 赏

📧 山东省青岛市胶南市　🚢 乘在青岛胶南市积米崖码头乘坐"永顺达"快艇或"灵山号"客轮抵达灵山岛
📞 0532-83171666　💴 20元

　　灵山岛是我国海拔第三高的岛屿，仅次于台湾岛和海南岛，自然风光秀美，人文景点众多，梯田、绿树、碧海、红瓦、蓝天交相辉映，从海上望去，宛若一艳丽之翡翠浮在海面，故有着"灵岛浮翠"的美誉。由火山喷发出的角砾岩堆积而成的灵山岛历经风化剥蚀，形成锯齿状山脊，主峰歪头山高达513米，为北方海上第一高峰，而岛屿东南受到海水侵蚀，形成造型奇特的海蚀地貌，具有极高的观赏价值。

16 竹岔岛

景色优美的火山岛 ★★★★ 赏

　　竹岔岛由砣岛、大石岛、小石岛等四座岛屿组成，它们距离相近，远眺浑然一体。这几座小岛是我国北方地区少见的火山岛，拥有众多的风景名胜，其中以青岛地区罕见的火山口地貌为最，还有神龟孵卵、二郎担山、鸳鸯洞等景观，是旅游观光度假的好去处。来到竹岔岛的游人们不仅可以乘坐渔船体验渔民的传统生活方式，还能品尝各种海鲜美味。

📧 山东省青岛市黄岛区　🚢 乘19路公共汽车在薛家岛轮渡站下

17 平度大泽山公园

林木葱茏的自然公园

★★★★ 赏

✉山东省青岛市平度市 ¥20元

　　大泽山是胶东半岛的名山之一，山险洞深、石怪洞奇、瀑高林秀、壑幽泉清、雀啼莺啭，佳景美不胜收，以雄、险、奇、幽四大特色闻名。大山的山势连绵不绝，大小山头2100余座，除海拔737米的主峰外，还有北峰、西峰、天柱峰、御驾峰、明堂峰等较著名的山峰100余座，以及分布于岩腰洞顶的各色山泉，也各具神韵。现在公园内分为皇城、西坡、大姑顶、桃花洞、天柱山、御驾山及森林公园等游览区。

大赏青岛

青岛

攻略 HOW 及周边

日照

　　日照是山东沿海的新兴旅游景区之一，以"蓝天、碧海、金沙滩"闻名于世，是颇受好评的旅游度假胜地。来到日照可以品尝令人垂涎三尺的海鲜，体验沿海渔民的生活方式，齐长城遗址、莒国故城、日照港等也都是游客的必游之地。

日照 特别看点！

第1名！
万平口海滨风景区！

100分！

★ 景色优美的海水浴场，日照第一胜景！

第2名！
桃花岛！

90分！

★ 风景秀美的小岛！

第3名！
五莲山！

75分！

★ 景色宜人的山林景区，日照第一名山！

---

1 九仙山

齐鲁大地上秀美名山　★★★★★ 赏

　　九仙山景区内既有雄伟的山峰，又有葱茏的林木，奇花异草随处可见，因此获得了"奇如黄山，秀如泰山，险如华山"的美誉。群山之间还有清澈的溪水流淌，平静的水面倒映着四周的山光林景，给人以浑然一体的感觉。九龙潭大峡谷是九仙山第一名景，除拥有狭长秀美的黑白龙潭两个瀑布外，还有嶙峋的怪石。九仙山还是文人墨客会聚的地方，一代文豪苏轼曾在山上留下了"九仙今已压京东"的诗句，古代军事家孙膑也在此处隐居，并写下了著名的《孙膑兵法》。

✉ 山东省日照市五莲县松柏乡　乘 日照市乘车在五莲县松柏乡下　¥ 80元

② 万平口海滨风景区 (100分!)

景色优美的海水浴场

★★★★★ 玩

✉ 山东省日照市海曲东路东首398号 🚌 乘5、6、32路公共汽车和北沿海旅游专线车在万平口生态公园站下

万平口海滨风景区内既有风平浪静的海湾，又有洋溢着淳朴气息的渔村，是日照的第一胜景。该景区拥有北方少见的潟湖景观，每到涨潮之时，海水相互交汇，此情此景壮丽异常。来到万平口既可以躺在沙滩上悠然地享受日光浴，也能进行沙滩排球、沙滩足球等有趣的活动，岸边还有橡皮艇出租，寻求刺激的游客可以乘坐摩托艇体验乘风破浪的感觉。万平口海滨风景区的岸边拥有多家饭店，游客可以品尝当地的风味佳肴，尤其是各种海鲜美食，令人垂涎三尺。

③ 太公岛

流传着佳话逸事的岛屿

★★★★ 玩

太公岛位于日照近海，相传是一代名相姜子牙出生的地方，《史记·齐太公世家》中就记载着"太公望吕尚者，东海上人"这样一句话。小岛的大部分区域都位于水下，平时仅露出顶部的逃生塔，只有在退潮时才展现出全貌。登临小岛的游客可以在嶙峋的礁石间，拾取海贝、海星等海洋生物，或者坐在海岸边的大石上，悠然自得地进行垂钓，即使一无所获也没有关系，因为日常生活中堆积的压力，已被释放得无影无踪。

✉ 山东省日照市东港区 🚌 乘10路公共汽车在太公岛花园站下，换乘快艇可到 ¥60元

山东省日照市东港区秦楼街道桃花岛村　乘坐15路公共汽车到海滨国家森林公园站下　50元

4 桃花岛 90分!

风景秀美的小岛 ★★★★★ 赏

　　桃花岛是一个以渔村风情为特色的岛屿，并与太公山隔海相望，形成壮美的自然景观。小岛上林木茂密，一座座古朴典雅的亭台楼阁，大都掩映在苍翠的绿叶之中，而那些现代建筑又让小岛充满了时尚气息。

　　桃花岛上最著名的景观是那些形态各异的石块，梳妆台酷似一座古代女性使用的化妆台，祭礼台则与传统建筑中的祭坛极为相像，香炉石、试剑石、天女洗澡池等各有其不凡之处。每当夜幕降临之际，这里就会举行热闹的篝火晚会，届时会有精彩的民俗表演。

5 大青山

景色优美山林景区

★★★★ 赏

　　大青山是日照的名山之一，重峦叠嶂，郁郁葱葱，每当清风徐来时，随风摇摆的松涛令人惊叹不已。景区内的万佛山古文化区拥有很多人文景观，虽然名气都不大，但有着独到之处。古长城遗址是战国时期的齐长城遗迹，虽只剩下残垣断壁，但仍能让游客感受到全盛时期的雄壮气势，附近的古寨、万和寺也都是值得一游的地方。揽月塔位于大青山的峰顶，是一座造型典雅的古塔，在那里可以纵览四周美景，还能遥望齐鲁大地的诸多美景。

✉ 山东省日照市五莲县222省道洪凝镇　乘 日照市乘车至五莲县换乘去大青山的班车　☎ 0633-5882222　¥ 20元

6 五莲山 75分！

景色宜人的山林景区

★★★★★ 赏

　　五莲山是日照第一名山，主峰海拔515.7米，四周重峦叠嶂，既阻挡了北方冷空气的南下，又有热带海洋气流所带来的潮湿空气，因此冬暖夏凉，是野生动植物会聚的地方。每年的春天是五莲山的花季，漫山遍野盛开着鲜艳的杜鹃花，深深浅浅的红色仿佛轻纱笼住半山，此外还有茶花、桃花、李花和杏花竞相开放。此外，五莲山上的护国万寿光明寺是一座历史悠久的寺庙，建造年代可以追溯到明万历年间，殿堂造型典雅大方，有着庄严肃穆的气势。

✉ 山东省日照市五莲县小峪子村
乘 日照火车站乘班车在五莲县换乘公共汽车在五莲山站下
☎ 0633-5231708　¥ 60元

大赏青岛

青岛

攻略 HOW

及周边

烟台

烟台是我国著名的港城，那里既有一望无际的蔚蓝大海，又有连绵不绝的山峰丘陵，一年四季林木葱茏，那如诗如画般的美景，令人感到心旷神怡。此外，烟台还有芝罘岛、南山、养马岛、长山列岛、昆嵛山等众多旅游景区。

烟台 特别看点！

第1名！
毓璜顶公园！
100分！

★ 风景优美的市区公园，建于元代的古庙和典雅楼阁！

第2名！
芝罘岛！
90分！

★ 景色优美的小岛，传说秦始皇冬巡的小岛！

第3名！
烟台山公园！
75分！

★ 烟台最大的市区公园，风光旖旎的大型森林公园！

---

1 海滨大道
烟台的海景大道 ★★★★★ 赏

地处于烟台市区的海滨大道是当地的名胜之一，游人在此既可以纵览碧波万顷的海面，又能领略烟台市区的繁华风光，此种自然美景与人文景观交相辉映的华美景象，是难以用语言来形容的。大道虽然只有800余米长，却连接烟台山与养马岛等名景，并与阳光、沙滩、碧海蓝天一起构成了华美的画卷。漫步在海滨大道上的行人既有休闲放松的当地市民，也有慕名前来的外地游客。

🏠 山东省烟台市海滨大道 🚍 乘17路观光车可到

② 烟台山公园 75分!

烟台最大的市区公园

★★★★★ 玩

　　三面环海的烟台山公园有着优美的自然风光，还是我国少见的市区内大型森林公园。海拔53米的烟台山虽然没有雄伟高大的气势，却有着旖旎的风光。半山腰处的石船掩映在葱茏的林木之中，是公园里的一处奇景。山顶上有一座古老的烽火台，建于明洪武三十一年（1398年），起着海岸预警的作用。此外，公园里还有儿童游乐园、海誓山盟婚庆广场、龙王庙、忠烈祠、抗日烈士纪念碑、鸳鸯石、母子龟、观海坪等诸多景点。

✉ 山东省烟台市芝罘区立新路7号 🚌
乘3路内、外环、43、45、46路公共
汽车可到 ☎ 0535-6632846 ¥ 50元

3 福建会馆

气势雄伟的闽南式建筑

★★★★★ 赏

山东省烟台市芝罘区南大街 乘1、2、3、5路公共汽车可到 ￥10元

福建会馆是我国北方少见的天后宫建筑，始建于清光绪十年（1884年），直到民国时期才宣告完工。会馆的造型延续着传统的闽南风格，使用的砖石木料等建材全部是在福州等地由能工巧匠就地雕琢、彩绘后运至烟台进行组装的。福建会馆的山门高达10米，用木石砌筑而成，屋顶是典型歇山式建筑，在梁柱上则雕刻着精美的图案。大殿是这里的核心建筑，其风格华美典雅，又给人以庄严肃穆的感觉，殿内供奉的是海神妈祖娘娘，塑像的造型精美，栩栩如生。

184

4 张裕酒文化博物馆

葡萄酒文化博物馆 ★★★★★ 赏

　　张裕酒文化博物馆位于一座典雅大方的欧式风格建筑内，里面主要分为六大展区。酒文化广场里拥有众多建筑景观，其中就包括欧式风格拱形门楼和雕刻着麒麟图案的照壁。百年大酒窖里鳞次栉比地摆放着橡木酒桶，那里储藏着不同年份出产的美酒。酒窖里还有三个容积高达15000升巨型酒桶，它们被称为"桶王"，是储藏顶级美酒的容器。历史大厅是介绍张裕公司在新中国成立之前发展历程的展厅，那里有众多珍贵的图片和实物资料。字画厅里展出的都是各界名流所题写的字画。

📧山东省烟台市芝罘区大马路56号 🚌乘3路内、外环、17、28路公共汽车在张裕博物馆站下 📞0536-6632892 ¥50元

5 # 月亮湾

充满浪漫气息的海湾

★★★★★ 赏

月亮湾为烟台的名景之一，是情侣们花前月下的最佳地点。海湾位于两个岬角之间，背后是林木葱茏的岱王山，前方则是波涛起伏的黄海，它和附近的山石、海水、港湾融为一体，有着迷人的魅力。每当海水退潮后，月亮湾的浅海处露出许多光滑的鹅卵石，童心未泯的游客可以前去拾取这些大自然馈赠的礼物。月亮湾还有一处小型码头，其顶端位置有一尊精美的青铜塑像，那就是大名鼎鼎的月亮老人，相传在那里许愿的情侣会得到永久的幸福。

✉ 山东省烟台市芝罘区滨海北路　🚌 乘3、17路观光车到月亮湾站下

⑥ 芝罘岛 (90分!)

景色优美的小岛 ★★★★★ 赏

芝罘岛是一个陆连岛，岛上林木葱茏，风景如画，相传秦始皇东巡时在此遇到了方士徐福。穿行在连岛沙坝上，可以看到色彩鲜艳的贝壳和光滑圆润的鹅卵石，它们都是大自然馈赠的礼物。来到小岛上可以看到海拔289米的芝罘山，它是此处的象征，游人可以乘坐索道缆车前往山顶，并在那里俯瞰岛内风光。阳主庙是这里最为古老的建筑，相传它是战国时期齐国国君祭祀"八神将"的庙宇。

✉山东省烟台市北部 🚌乘11、48路公共汽车在东口码头站下

7 西炮台公园

保存完好的近代炮台要塞

★★★ 赏

　　西炮台是清末所建的海防要塞之一，是我国北方保存最为完整的近代海防要塞。炮台结合了我国传统军事要塞与近代西方军事堡垒的精髓，外侧的围墙是欧式的半圆形城墙，但内部建有中式瓮城等防御设施。大小炮台是放置岸防巨炮的地方，那里视野开阔，能够扼守烟台的海上航道。

📮山东省烟台市芝罘区西山路 🚍乘45、路公共汽车在金晖小区站下可到 💴10元

　　此外，西炮台公园的东西两侧还各有一处碑廊，铭记了当地名人的生平事迹和和影响深远的事件。通伸岗的顶部还有一座烈士陵园，是纪念在革命战争中牺牲的烈士们的地方。

8 毓璜顶公园

100分!

风景优美的市区公园

★★★★★ 赏

毓璜顶公园是一个景色优美的市区公园，还有诸多人文景点，集旅游观光、休闲娱乐等多功能于一体。公园以毓璜顶为核心景点，小山林木葱茏，景色优美，宛如一块翡翠镶嵌在烟台这座美丽的海滨城市，获得了小蓬莱的美誉。毓璜顶公园山水相依，波光粼粼的瑶池四周种植着四季常青的花草树木，繁茂的林木和苍翠的绿竹间掩映着亭台楼阁，与之相连的曲径回廊又有着江南园林的特色。

- ✉ 山东省烟台市芝罘区焕新路付2号
- 🚌 乘3路外环、23、45、58路公共汽车在毓璜顶公园站下
- 📞 0535-6648194　💴 10元

玉皇庙

元代古庙

玉皇庙是烟台知名的古建筑，有着庄重典雅的风格，自元代建成以来一直是当地民众祭祀神灵、祈求福运的地方。玉皇庙内供奉着道教的至尊玉皇大帝，塑像有着威武庄严的神情。每年的正月初九，玉皇庙都会举行盛大的庙会活动，它是烟台规模最大的民俗庆典之一，不仅有当地善男信女前来烧香拜佛，还有外地游客前来参与盛会。

玉皇阁

造型典雅的阁楼

玉皇阁是毓璜顶公园的名景之一，造型典雅大方，有着古色古香的韵味。阁楼四周林木葱茏，环境清幽，能让漫步在这里的游客获得心旷神怡的感觉。玉皇阁的外廊上还林立着众多高大的红色石柱，它们既是建筑的支撑，又是楼阁的象征。屋顶上还竖立着造型活泼可爱的动物雕像。

9 牟氏庄园

北方最大的地主庄园

★★★★★ 赏

牟氏庄园是山东大地主牟氏家族的庄园，始建于清乾隆年间，直到民国时期才全部完工，是我国北方规模最大、全国保存最为完整、最具代表性的地主庄园。庄园外侧的墙壁高大坚固，顶部还有歇山式的屋檐。牟氏庄园的大门气势雄伟，两尊造型精美的石狮作为守卫，门楣上则悬挂着两只红色的灯笼。院内的建筑以两层小楼居多，造型古朴典雅，房梁、屋檐、墙柱上都雕刻着精美的花纹图案。著名电视剧《牟氏庄园》曾在此拍摄。

✉ 山东省烟台市栖霞市霞光路庄园南街6号
☎ 0535-5228372 ¥ 60元

⑩ 昆嵛山

全真教的发祥地

★★★★ 赏

⊠山东省烟台市牟平区龙泉镇
📞0535-4693307 ¥110元（联票）

　　昆嵛山在我国道教历史上占有重要地位，王重阳就是在此处召集众徒，创立了赫赫有名的全真教。此山是以秀美的山林风光和保存完好的自然生态环境著称，当然也不乏各种人文景观。高达923米的泰礴顶是昆嵛山的主峰，登临峰顶不仅可以俯瞰山区美景，还能遥望位于天际处的浩瀚大海。九龙池位于高耸的悬崖之上，是由九个大小不一的湖泊组成的，水质清澈透明，令人赞叹不已。此外，这里还有麻姑庙、"11·4"暴动指挥部遗址等景点可供参观。

大赏青岛

青岛

攻略 HOW

及周边

蓬莱

蓬莱岛被誉为我国的海上仙山，岛上的蓬莱阁则有着天下第一阁的美誉，因为它兼具江南园林的秀美与北方宫殿的豪情。漫步在蓬莱岛上既能遥望到海天一色的壮丽景象，又能在海洋极地世界中观赏千姿百态的海洋生物。

蓬莱 特别看点！

第1名！
蓬莱阁！
100分！

★古代四大名楼之一，欣赏变幻莫测的海市蜃楼！

第2名！
长岛！
90分！

★风光迷人的海岛，宛如新月的海湾！

第3名！
黄渤海分界线！
75分！

★自然形成的神奇分界线，大自然的分界线！

1 蓬莱水城
固若金汤的古代水寨　★★★★★ 赏

位于丹崖山东侧的蓬莱水城始建于宋朝，到明朝时进一步扩大为如今的水城规模。水城总面积超过27万平方米，南宽北窄，呈不规则长方形。临海据山，地势十分险要。设有水门、防浪堤、平浪台、码头、灯塔、城墙、敌台、炮

蓬莱

✉山东省烟台市蓬莱市北关路
☎0535-5642146

台、护城河等海港建筑和防御性建筑，是国内现存最完整的古代水军基地。水城的结构十分合理，正前方建有一座水门，设闸蓄水。平时闸门高悬，船只可以随意进出。一旦发现敌情，就将闸门放下，海上交通便被切断。水门两侧又各设炮台一座，驻兵守卫，形成了一个进可攻、退可守的防御体系，堪称固若金汤。抗倭名将戚继光曾经在这里操练水军，抗击倭寇，立下了赫赫战功，也让蓬莱水城名扬海内外。如今这里还放置着过去使用过的大炮，让人感受一下那硝烟四起的古代岁月。

❀ 振扬门

蓬莱水城的南门

建于明洪武年间的振扬门是蓬莱水城的南门，坐北朝南，目前仅存门洞。门洞为拱顶，宽3米，高5.3米，进深13.75米，门洞上方嵌着"振扬门"匾额。此门外层为包砖，内层为夯土，上有两层门楼。门楼外观三层飞檐，覆盖琉璃瓦，屋脊上有脊兽装饰，檐角下系风铃。门楼四周为明廊，一层底面与城墙齐高，南北明廊外侧为城堞，两旁还复建了旧时城墙长50米。在振扬门前还建有面积超过5000平方米的广场，各种重要活动的开幕式等都会在这里举行。

② 蓬莱阁 （100分!）
古代四大名楼之一

★★★★★ 赏

　　蓬莱阁同武汉黄鹤楼、湖南岳阳楼、江西南昌滕王阁并称我国古代四大名楼。高高矗立于丹崖山顶，共有蓬莱阁、天后宫、龙五宫、吕祖殿、三清殿、弥陀寺六大建筑及其附属建筑组成，正是"蓬莱十大景"中"仙阁凌空"、"渔梁歌钓"的所在地。其中"仙阁凌空"说的就是蓬莱阁据丹崖山而立，身下为悬崖峭壁。楼阁雕梁画栋，游人居身阁上，只觉得如同凌空飞舞一般，有一种神仙飞升的感觉。而蓬莱阁脚下的大海中有点点礁石矗立，有时还有人在上面垂钓，凸显出一幅和谐自然的画卷。如果运气好的话，游人们还能看到传说中的海市蜃楼，在地平线上会出现缥缈的城市形象，高楼大厦、汽车、人群都清晰可见，宛如一座漂浮于大海上的城市一般，十分神奇。

✉ 山东省烟台市蓬莱市　🚌 乘8路公共汽车在振扬门站下　📞 0535-5621111　💰 100元

3 八仙过海口

传说中八仙过海的地方

★★★★★ 赏

✉ 山东省烟台市蓬莱市海水浴场东侧海中
🚍 蓬莱长途汽车站乘八仙过海旅游观光车可到
¥ 60元

八仙过海的故事脍炙人口，传说八仙就是在如今的八仙过海口这里各施法力，渡过东海，前往天宫参加蟠桃盛会的。这处景点事实上是一个三面环海的葫芦岛，通过一座八仙桥和陆地连通。整个景区漂浮在大海上，景中有海，海中有景，内外海水相连，点点渔帆与岸边景色相映成趣。景区内的景点大多都和八仙有关，分为东、中、西三条线路，沿途会经过30多个景点。前景区主要建筑为一座建在水池中的三层望海楼，水下一层是可容纳1000人同时就餐的大型餐厅。墙面为透明玻璃，在用餐的同时还能观赏水中海豹、海豚、海狮等海洋动物及楼上人造瀑布景色。后景区主要有八仙台，为八层梯形建筑，台上建有30米高的八仙阁，里面设置有九宫八卦阵迷宫，线路繁复，十分有趣。

4 戚继光故里

民族英雄的故乡

★★★★★ 赏

山东省烟台市蓬莱市钟楼西路 ¥20元

蓬莱是明朝著名军事家、抗倭名将、民族英雄戚继光的故乡,自从戚继光五世祖开始世袭登州卫指挥佥事开始,600多年来戚家人留下了大量文物古迹。故里景区包括有戚氏府、戚继光兵器馆、后花园、牌坊街等,还有明嘉靖年间修建的两座御赐牌坊和崇祯年间修建的戚继光祠,占地面积为1.9万平方米。其中戚府是戚家人一直居住的地方,是一座仿明朝形制重建的建筑,由于当时住宅根据官员的品级有很严格的规定,戚继光官级一品,按规定为五间五架,所以这里的厅堂全都是五开间。府内横槊堂是戚继光接待客人的地方,他本人文武双全,堂内的摆设也突出了这一点,既有各种书籍也有武器。而兵器馆则陈列了戚继光在抗倭战争中发明的各种新式武器,这些武器在实战中都起到了很大的作用。

🌸 戚继光祠堂

纪念戚继光的家庙

戚继光祠堂是故里景区内最主要的建筑之一,重修于清朝。祠堂占地591.1平方米,为三进院落家庙式建筑,门房、正祠各三间,均为单檐砖石木结构。门房坐东面西,门外两侧各有石狮一尊,门扇和横檐上刻有楹联。祠堂前廊两侧陈列刀、枪、剑、戟等古代兵器12件。过堂正中立有屏风,悬挂着戚继光的画像。屏风前陈列的战刀上刻有"万历十年登州戚氏"等字样,是戚继光过去使用过的,屏风两侧陈列着戚继光过去读过的兵书和他的著作,都是反映这位名将一生的重要资料。

🌸 戚氏牌坊

戚氏家族功绩的体现

戚氏牌坊位于戚继光祠南侧,共有两座,东为"母子节孝"坊,西为"父子总督"坊,都是明嘉靖年间为了表彰戚氏家族的功绩而建。两座牌坊都是四柱三间五楼云檐多脊花岗岩雕坊,高9.5米,宽8.3米,进深2.7米。正间上下三坊,雕有"丹凤朝阳"、"二龙戏珠"、"狮子滚绣球"、"鱼龙变化"、"麒麟与凤凰"等图案,侧间各有两坊,分别雕饰花木鸟兽等图案,雕工都极为精湛。两座牌坊气势雄伟,巍峨挺拔,构图丰满,具有很高的历史价值和艺术价值,是国内少见的明代大型石雕珍品。

5 蓬莱三仙山风景区

传说中的海外三仙山

★★★★★ 赏

　　蓬莱三仙山风景区位于黄海之滨，和八仙过海景区、三仙山温泉毗邻。早在古代就有传说海上有三座仙山，分别是"蓬莱"、"方丈"、"瀛洲"，山上住有仙人，访之可得长生不老的仙药。秦始皇就曾经多次派出方士寻访仙山，以求长生不老。这处景区就是将这三座虚无缥缈的仙山真实地展现在人们面前。整个景区由和气大殿、小怡和园、蓬莱仙岛、方壶胜境、瀛洲仙境、瀛洲书院、艺术博物馆、蓬莱历史文化集锦、玉佛寺、万方安和、歌舞大剧院等景观组成。其中在玉佛寺中珍藏有我国最大的玉质卧佛像，这座卧佛长约13米，重108吨，是用整块白玉雕成，工艺极为精湛。另外还有重260吨的十一面观音像和重72吨、高9.9米的站观音像。这三尊佛像位于一处，让人叹为观止。

✉ 山东省烟台市蓬莱市蓬莱海滨路9号　🚍 蓬莱长途汽车站
乘八仙过海旅游观光车可到　📞 0535-5664777　¥ 120元

6 黄渤海分界线 75分!

自然形成的神奇分界线 ★★★★★ 赏

黄渤海分界线就是辽宁旅顺老铁山与山东蓬莱田横山之间的连线，是一处自然形成的分水线。在这条水线的西北边是渤海，海水略显浑浊，呈微黄色。而东南边则是黄海，海水清澈，一片蔚蓝。这是因为黄河从黄土高原带来了大量的泥沙，汇入渤海后产生的结果，不过这些泥沙中也含有大量的营养物质，因此在渤海中生息了大量的水产资源。如今黄渤海分界线已经成为一处知名的景点，和旅顺、蓬莱两地的诸多景点合为一体。其中田横山是景区内重要的部分之一，传说齐王田横率领五百壮士退守此山，最后不愿投降刘邦自杀身亡，手下壮士也都追随而去，留下千古传颂的气节故事。整个园区自然风光优美，自然植被生长繁茂，亭台楼阁掩映其间，到处都能看到各种人文雕塑，内涵十分丰富。

✉ 山东省烟台市蓬莱市田横山西北

7 长岛 90分!

山东省唯一的海岛县 ★★★★★ 赏

长岛又称庙山群岛或长山列岛，是一个由32座岛屿构成的群岛，位于黄海与渤海的交界处，是山东省唯一的海岛县。同时还是我国唯一的海岛国家地质公园，位居中国十大最美海岛之列。长岛主要分南山和北山两大部分，中间有大桥相连接。岛上历史悠久，民风淳朴，人文历史遗迹众多，最著名的大黑山北庄遗址，是我国古文明的发源地之一，以及中国北方建造最早的妈祖庙显应宫等。同时长岛南临蓬莱，北接旅顺，自然风光秀丽，气候宜人。有九丈崖、庙岛、龙爪山、宝塔礁、珍珠门、砣叽岛、万鸟岛等知名的自然景点，也有众多海水浴场和魅力港湾。无岛不秀，无岛不奇，堪称一处海上的大花园，又像是神话传说中的仙山宝岛一般，吸引着四面八方的游客到访。

✉ 山东省烟台市蓬莱市 乘 蓬莱码头乘渡轮在长岛下 ¥ 100元（北线或南线通票）全部联票150元

月牙湾
宛如新月的海湾

月牙湾位于北长山长岛最北端，因形似新月而得名。海湾背靠青山绿野，两翼的岛屿就好像一双伸出的臂膀一般将海水揽入怀中。走进月牙湾，眼前是一片美丽的砺石滩，随处都是圆润光滑的白色石头，宛如一地碎玉。石头上多有各种天然花纹，形似花鸟鱼虫，十分有趣。而滩前的海水更是清澈见底，蓝得好似宝石一般。景区内有"渔村唱晚"、"层林尽染"、"长街夜市"、"观澜亭"等景点及野炊基地，人们在这里可以尽享自然风光之美和海滩活动的乐趣。

石帆礁
长岛的最高点

石帆礁是长岛的最高点，因为样子好似两张风中鼓满的风帆而得名。尤其是当中有一块礁石底下甚至是悬空的，只由4根粗壮高大的石柱支撑着岛的顶峰，石柱将岛角分为4个洞口，洞洞相连，可以行舟，十分惊险雄伟，更神奇的是这座山峰在惊涛骇浪之中竟然能屹立不倒，很难想象这竟是大自然的鬼斧神工，让人叹为观止。在礁石内有一处锁龙洞，传说是八仙中的吕洞宾与何仙姑除去为害一方的恶龙的地方。此外，石帆礁还是一处海鸥成群、万鸟齐鸣的地方，游人在此经常可以和鸟儿亲密接触，十分有趣。

庙岛妈祖庙
北方最大的妈祖庙

坐落于庙岛之北的凤凰山前的庙岛妈祖庙又名显应宫，始建于宋朝。大殿是全庙最大的建筑，妈祖坐像居于店内正中神龛龙墩上，两侧有14尊陪侍像，其中有4尊武将分别是千里眼、顺风耳、黄峰兵帅和白马将军。8尊文官有九江、八河、五湖、四海龙王等，另有老少两尊陪侍。正殿两侧为偏殿，里面收藏有200余块碑、碣、匾和300余艘船模，好似一个船舶博物馆一般。如今每到重要的节日，这里都会举行盛大的妈祖庙会，庙会期间还会有台湾、香港等地的信众来到这里，可见影响之广。

大赏
青岛

青岛

攻略 HOW 及周边

威海

威海是我国传统旅游胜地之一，拥有众多自然景观和人文景点，刘公岛记录着北洋水师的兴盛与毁灭，成山头则是秦始皇东巡的终点，还拥有亚洲最大的天鹅栖息地天鹅湖，而西霞口野生动物园、威海新外滩公园、威海影视文化城也都是各有特色的景点。

威海 特别看点！

第1名！
刘公岛！

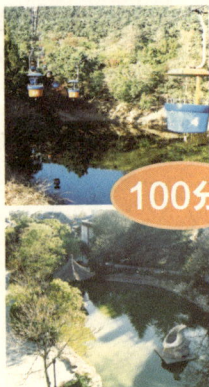

100分！

★ 充满生机活力的森林公园，风景秀美的自然风光！

第2名！
威海公园！

90分！

★ 我国最大的海滨公园，风景优美的滨海城市画卷！

第3名！
中国甲午战争博物馆！

75分！

★ 纪念甲午战争，北洋水师的海军基地！

---

1 威海公园　**90分！**
我国最大的海滨公园

★★★★★ 玩

　　威海公园是我国最大的海滨公园之一，公园沿着海滨南路两侧形成两条绿化带，路西侧绿化带宽30米，路东侧建成宽70米的带状开放式公园。公园中部设有1个中心文化广场，由北向南设有海伢、海

✉ 山东省威海市海滨南路　🚌 乘10、32路公共汽车在威海公园站下

恋、海颂、海慧四个主体景区。在中心广场和四个景区对应设置了一座大型主雕塑、四个景区主题雕塑和若干小型雕塑。每一个景区都拥有自己的特色，海侎景区主要是供孩子们游玩

嬉戏；海恋景区以著名的"同心结"雕塑而闻名；海魂广场是整个公园的灵魂所在；而海颂景区是一个向大海展开的45℃三角形下沉式广场，表达了对大海的无限赞颂。整个公园绿树成荫，花团锦簇，大海、树林、绿地、鲜花、雕塑、山石、建筑和谐地结合在一起，构成了一幅优美的生态海滨城市画卷。

② 环翠楼公园

威海市区的公园

★★★★ 玩

　　环翠楼公园位于威海的中心地带，包括环翠公园和环翠楼广场两部分，因园内有古典式建筑"环翠楼"而得名。环翠楼建于明代，后于1978年重修，由亭台、楼、廊组成。主楼三层，高16.8米，楼顶为歇山顶，覆盖有琉璃瓦，窗户是雕花镂空样式，楼檐上高挂由著名书法家舒同书写的"环翠楼"三个大字，楼背有匾"环阁凌空"，出自著名书法家黄苗子之手。楼四周古树参天，苍松翠柏，各处种植着珍贵稀有树种，如流芳、百日红等。一年四季公园里都有不同的色彩，春天鲜花盛开，争奇斗艳；夏天树荫浓密，可以乘凉散步；秋天有绚烂的红叶；冬天则有美丽的雪景，仿佛仙境一般。此外，在公园前还有为国捐躯的著名将领邓世昌的塑像，是公园中最引人注目的人文景观之一。

📧 山东省威海市环翠区统一路　🚌 乘2、14、15、22、23、28、30、38、41、42路公共汽车在市立医院站下　¥10元

3 北洋水师定远号军舰

以著名军舰为主体的博物馆 ★★★★★ 赏

定远号是北洋水师的旗舰，是托德国伏尔铿造船厂建造的一座排水量达7000吨的巨舰，和镇远号是姊妹舰，是当时亚洲火力最强、最为坚固的水上堡垒。后来由于在甲午战争中遭受重创，定远被迫自爆沉没，成为当时中国为列强所压迫的一个缩影。如今位于威海港中的定远号军舰是按照原来定远号1:1复制而成的，它不光是一座活生生的博物馆，还成了各种影视剧的拍摄地。来到定远号甲板上，一眼就能看到两门巨大的克虏伯主炮，它是定远舰上最有威力的武器，曾经在战争中立下赫赫战功。甲板上还有鱼雷发射器和舰载快艇等设施。在船舱里，通过各种当年的实物和图片文字资料，人们可以了解当年定远号的历史，更让人们对这命运悲惨的名舰的历史有深入的了解。

📧 山东省威海市威海港北码头　🚌 乘16路南线、16路北线公共汽车在海港大厦站下

📞 0631-5207806　💴 15元

4 仙姑顶

威海的制高点 ★★★★ 赏

　　仙姑顶距离威海市区仅有5公里，海拔375米。山上奇峰耸立，怪石嶙峋，树木参天，到处都是奇花异草，幽深僻静，景色迷人。登临山顶，可以东望大海及刘公岛，北眺全市景色尽收眼底，西看翠绿青山及渤海湾，四周景色壮美无比。在仙姑顶上有仙姑庙、牌坊、聚仙阁、吕祖洞、仙姑洞、石塔、大石龟、望海亭、长寿亭等景点，其中有一块宋朝时的庙碑，这块庙碑使用汉、辽两种文字雕刻，是威海地区最古老的一块碑。同时仙姑顶是国玉文化的代表，在这里能看到天下第一玉寿星、天下第一玉福星、天下第一玉禄星、天下第一玉桥等9个天下第一玉雕，堪称天下第一玉景区。无数人为了一睹这些玉雕的美妙身姿专程来到这里，看过之后都惊叹不已。

✉ 山东省威海市翠环区望岛村　🚌 乘1、12、33、41、53、101路公共汽车在望岛站下，也可乘27路公交直达　📞 0631-5326888　¥ 80元

5 刘公岛 75分!

纪念甲午战争

★★★★★ 赏

✉山东省威海市刘公岛新威路52号 🚌威海旅游
码头乘船可到 📞0631-5287807 ¥套票138元

　　刘公岛是北洋水师的基地所在，也是
甲午战争的主要战场，见证了曾经强大的
北洋水师最终惨遭覆灭的历史。如今，这
里已经成为甲午战争的纪念馆，岛上建有北
洋海军提督署、龙王庙、丁汝昌寓所、水师学堂、铁码头、黄岛炮台、旗顶山炮台、东泓炮台、
日岛炮台等共28处纪念遗址。博物馆利用了原本北洋水师的官署和基地建筑，将传统陈列形式与
现代科技手段结合在一起，通过文物、图片、蜡像、沙盘、模型、影视等形式，生动再现了当年
北洋水师及甲午战争的历史原貌，让人好似身临其境一般。其中北洋水师提督署是这里最重要的
设施，曾是北洋水师提督丁汝昌的办公室，在门口还竖立了丁汝昌的塑像。建筑分前、中、后三
厅。前为议事厅，中是宴会厅，祭拜厅在后。里面还保持着原貌，金碧辉煌。

❀ 中国甲午战争博物馆陈列馆

博物馆的核心部分

　　甲午战争博物馆陈列馆是刘公岛甲午战争博物馆的核心部分，全面展示了中日甲午战争的历史。整个展馆分为"序厅"、"甲午战前的中国和日本"、"甲午战争"、"深渊与抗争"、"尾厅"五部分。馆内共展出珍贵的甲午战争历史图片650多幅，复制了大量甲午战争时期的武器装备，还原再现了多个超写实人物塑像场景。甚至还开辟了国内首个"黄海海战"3D影视厅，用最新的科技将"威海卫保卫战"震撼人心的战争场面展现给每一个人，给人们留下了深刻的印象。

⑥ 刘公岛国家森林公园　(100分!)

充满生机活力的森林公园　★★★★★ 赏

　　刘公岛国家森林公园就位于甲午战争的主战场之一刘公岛上，公园占据了岛上70%的面积，森林覆盖率高达80%以上。一共种植有60多种树木，一年四季都是满眼绿意，空气清新，让人心旷神怡。且有数百只野生梅花鹿出没林中，使得公园更具自然的生机活力，宛如仙境一般。公园的最高点位于旗顶山，游人们可以通过索道前往山顶，在这里可以将整个公园的美丽风光尽览无遗，身后是碧波万顷的大海，身前是郁郁葱葱的森林海洋，让人身心舒畅。除了优美的自然风光外，在森林公园中还有不少著名的人文景观，包括旗顶山炮台、忠魂碑炮台、所后炮台等都是100多年前那场惨烈战役的见证，是那个积贫积弱的中国的证据，让人看过以后更加珍惜现在这来之不易的美好生活。

✉ 山东省威海市刘公岛新威路52号　🚢 威海旅游码头乘船可到

7 鲸馆
以鲸类作为展览对象的博物馆 ★★★★ 赏

山东省威海市刘公岛新威路52号

鲸馆位于刘公岛博览园内，是一座主要以鲸类作为展览对象的博物馆。走进鲸馆，迎面就是一副巨大的抹香鲸标本，这头抹香鲸是2005年因为搁浅而死亡的，体长19.6米、体重达50.1吨，死后被制成标本，是目前世界上最大的抹香鲸标本。制成后的标本分为表皮标本和骨标本两部分，表皮标本悬在鲸馆内，按出海时的实体复原，头朝向南侧大海，旁边是一副略小一些的骨骼标本，能让人们对这位"海洋霸主"从里到外都能有详细的了解。同时，这个标本在世界上也创下了4个"最"，即原始鲸体保存最好；表皮切片最少，只有3片；骨骼位置数据最齐全；制作时间最短。此外，馆内还运用图片、展板、多媒体等高科技手段模拟了海洋环境，生动全面地展示了抹香鲸及相关鲸类知识。

8 刘公岛博览园
对外展示刘公岛文化的窗口 ★★★★ 赏

山东省威海市刘公岛新威路52号 乘1、9、10、13、21、23、24、27、95路公共汽车到光孚佳仕商城站下 0631-5324842

刘公岛博览园是对外展示刘公岛文化的一个窗口，既有展示北洋水师从成军到覆灭的纪念馆，也有记载着威海被英国强行租借的耻辱历史的英租威海卫历史展览馆。还有建于唐武周时期，供武则天登临望海的望海楼。其中英租威海卫历史展览馆面积近2000平方米，以闻一多先生的《七子之歌》拉开序幕，真实再现威海卫被英国侵略者强行占据并租借的悲惨历史，在馆内复原了很多英国租借时期威海市内的场景，同时还展示很多历史资料，让人们对那段快要尘封的历史有一个深入的了解。而望海楼则是博览园内最引人注目的建筑，这座楼原建于唐武周时期，后被倭寇烧毁，如今的建筑是现代重建的。这座四层高楼最大限度地保留了过去望海楼的结构和装饰，内部共分春福厅、夏禄厅、秋寿厅、冬禧厅四个大厅，都是装饰精美，金碧辉煌，堪称艺术殿堂。

9 威海国际海水浴场
国内最好的海水浴场
★★★★★ 玩

山东省威海市威海火炬高技术产业开发区 乘7路公共汽车到国际海水浴场下

威海国际海水浴场和刘公岛、成山头并称为威海三大景区，是国内最好的海水浴场之一。浴场海岸线全长2800余米，东有麻枷山，西有烟墩山，临山面海，风景秀丽。有近10万平方米的沙滩，沙质柔细，海水清澈，滩坡平缓，可同时容纳4万至5万名游客。尤其是浴场为了使环境更贴近自然，还将原本在这里的人工雕塑和彩棚等都清理掉，换成了一大片的松林，使得环境更为优越。而且浴场设施十分完备，有游乐园、水上世界等沙滩游乐设施，开设了快艇、游船、摩托艇等水上游乐项目，并有与此相配套的高、中、低档更衣冲洗室、海上救护等服务。餐饮、住宿等服务设施也很齐全。每年夏天的旅游旺季这里还会举行盛大的旅游节，除了享受海滨乐趣外，还能看到很多民俗表演。

10 乳山银滩
天下第一滩
★★★★★ 玩

乳山银滩坐落在威海、青岛、烟台三座城市的交界地带，在沿海岸线东西的带状区中。这里林绿海蓝，礁奇滩曲，集山、海、岛、湖、河、泉等要素于一体，是天然的旅游度假胜地。这里的沙滩天然质朴，自古就没有渔港码头，也没有滩涂开发，完全保持了纯天然、无污染的自然生态环境。特别是海滩上坡缓滩平，沙质洁白光滑，水质清澈，沙内含磁量极高，对人体有非常好的保健功能，因此获得了"天下第一滩"的盛誉。人们可以尽情地在沙滩上享受海滨活动的乐趣，这些饱含磁性的沙粒对人体益处多多，对皮肤病、哮喘、心脑血管病、关节类病都有很好的治疗作用。此外，在乳山银滩景区内还有珍珠湾、白浪湾、宫家岛国际俱乐部、三观亭、仙人桥等景点，是旅游休闲娱乐的绝佳去处。

山东省威海市乳山市乳山口镇长江路 威海长途汽车站乘班车可到 0631-6723314

11 石岛湾旅游度假区

老少咸宜的海湾

★★★★ 玩

山东省威海市荣成市石岛区 ¥80元

石岛湾位于山东半岛最东端的荣成市石岛镇，拥有我国北方最大的渔港，自古以来这里就是中、日、韩三国人民互相通商交流的地方。湾口西起费石枢嘴，东达镇锣岛西南角，面积达35平方公里。石岛湾度假区就位于这里，依山傍海，风景秀丽，气候宜人。区内有滨海游憩区、镇锣岛国际游乐中心、朝阳山森林公园、凤凰湖风景区四个主要部分。其中设有万米海水浴场，沙细滩缓，水清浪柔，水最深不足1.6米，是一处老少皆宜的天然海水浴场。而石岛湾休疗别墅区则位于沙滩边的松林中，具有浓郁的田园风格。清晨可在海边观日出，午间在沙滩上享受日光浴，晚间则可在林间漫步，静听涛声。如果意犹未尽，还可抓螃蟹、掐海菜、拾贝类海鲜，体会一下赶海的感觉。

12 成山头

中国大陆的最东处 ★★★★★ 赏

成山头位于成山山脉的最东端，海拔200米，南北长2公里，是我国大陆的最东处。从这儿到韩国只有94公里，可谓一衣带水。每天，这里是最早看见海上日出的地方，所以也有"中国好望角"的美称。成山头三面环海，一面和陆地相接，群峰苍翠连绵，大海浩瀚碧蓝，峭壁巍然，巨浪排空，气势壮观，是理想的旅游避暑胜地。除了自然环境优越外，在成山头还能看到典型的海蚀地貌奇观，各种深邃奇特的海蚀洞让人惊叹不已，而岸边则有不少因为海蚀而形成的巨大礁石，其中一块礁石上刻有"天无尽头"四个大字，传说是秦始皇东巡至海边时令李斯所刻，字迹依然清晰可辨。此外，甲午战争中最激烈的黄海之战就发生在成山头外海，著名将领邓世昌在此英勇殉国，至今还留有很多纪念他的建筑。

山东省威海市荣成市成山镇栖霞口村 乘 威海汽车站乘中巴在成山头下
0631-7834888 ¥150元

13 圣水观

全真派的发祥地之一

★★★★ 赏

　　圣水观是我国北方道教的重要系统全真派的发祥地之一，因为观中有圣泉而得名。全真七子之一的王处一曾经在这里传授道法，至今已经过去了800年时光。道观原址已经在八国联军入侵时毁于战火，如今的建筑都是1993年时重新修建的。道观四周风景秀丽，林木繁茂，环境幽雅，正是一处潜心修行的好地方。观内有千年银杏树、祛病健身的圣水等自然景观，各种殿、台、阁、坛巍峨壮观，正殿玉清宫中供奉着太上老君的塑像，殿后有一个形似脚印的石块，传说是八仙之一的吕洞宾留下的。在正殿一侧有相传是当年王处一打坐的屋子，屋中墙壁上有一个指印，传说是王处一留下的，是道观中最重要的圣迹。此外，这里还有一处荣成伟德将军碑廊，也是重要的红色旅游项目。

✉ 山东省威海市荣成市　🚌 威海市长途汽车站乘班车在成山镇下　📞 0631-7631261
¥ 50元

青岛攻略及周边

《全球攻略》编写组

执行主编：兰亭　苏林

编写组成员：

陈　永	陈　宇	崇　福	褚一民
付国丰	付　佳	付　捷	管　航
贵　珍	郭新光	郭　政	韩　成
韩栋栋	江业华	金　晔	孔　莉
李春宏	李红东	李　濛	李志勇
廖一静	林婷婷	林雪静	刘博文
刘　成	刘　冬	刘桂芳	刘　华
刘　军	刘小风	刘晓馨	刘　艳
刘　洋	刘照英	吕　示	苗雪鹏
闵睿桢	潘　瑞	彭雨雁	戚雨婷
若　水	石雪冉	宋　清	宋　鑫
苏　林	谭临庄	佟　玲	王恒丽
王　诺	王　武	王晓平	王　勇
王宇坤	王　玥	王铮铮	魏　强
吴昌晖	吴昌宇	武　宁	肖克冉
谢　辉	谢　群	谢　蓉	谢震泽
谢仲文	徐　聪	许　睿	杨　武
姚婷婷	于小慧	喻　鹏	翟丽梅
张爱琼	张春辉	张丽媛	赵海菊
赵　婧	朱芳莉	朱国樑	朱俊杰

青岛闪回

LOOK青岛!

青岛啤酒街
我国知名的啤酒品牌

栈桥
青岛第一名景

山海关路
著名的八大关之一

中山路
青岛最著名的商业街

信号山公园
青岛的市区公园

五四广场
青岛的城市广场

崂山
青岛第一名山

第一海水浴场
青岛最大的海水浴场

花石楼
青岛最具代表性的建筑之一

end

责任编辑：王　颖
装帧设计：城市地标
责任印制：闫立中

图书在版编目（CIP）数据

青岛及周边攻略 ／ 《全球攻略》编写组编著. —— 北
京 ： 中国旅游出版社，2012.9
　　（全球攻略）
ISBN 978-7-5032-4482-7

Ⅰ．①青… Ⅱ．①全… Ⅲ．①旅游指南–青岛市
Ⅳ．①K928.952.3

中国版本图书馆CIP数据核字(2012)第167760号

书　　名：青岛攻略

编　　著：《全球攻略》编写组
出版发行：中国旅游出版社
　　　　　（北京建国门内大街甲9号 邮编：100005）
　　　　　http://www.cttp.net.cn　E-mail：cttp@cnta.gov.cn
　　　　　营销中心电话：010-85166503
经　　销：全国各地新华书店
印　　刷：北京金吉士印刷有限责任公司
版　　次：2012年9月第1版　2012年9月第1次印刷
开　　本：787毫米×1092毫米　1/16
印　　张：14
印　　数：1–10000册
字　　数：200千
定　　价：39.8元

ISBN 978-7-5032-4482-7